楠木正成

知られざる実像に迫る

千早赤阪楠公史跡保存会 編

生駒孝臣 尾谷雅比古 著

批評社

金剛山麓城塞図（個人蔵）

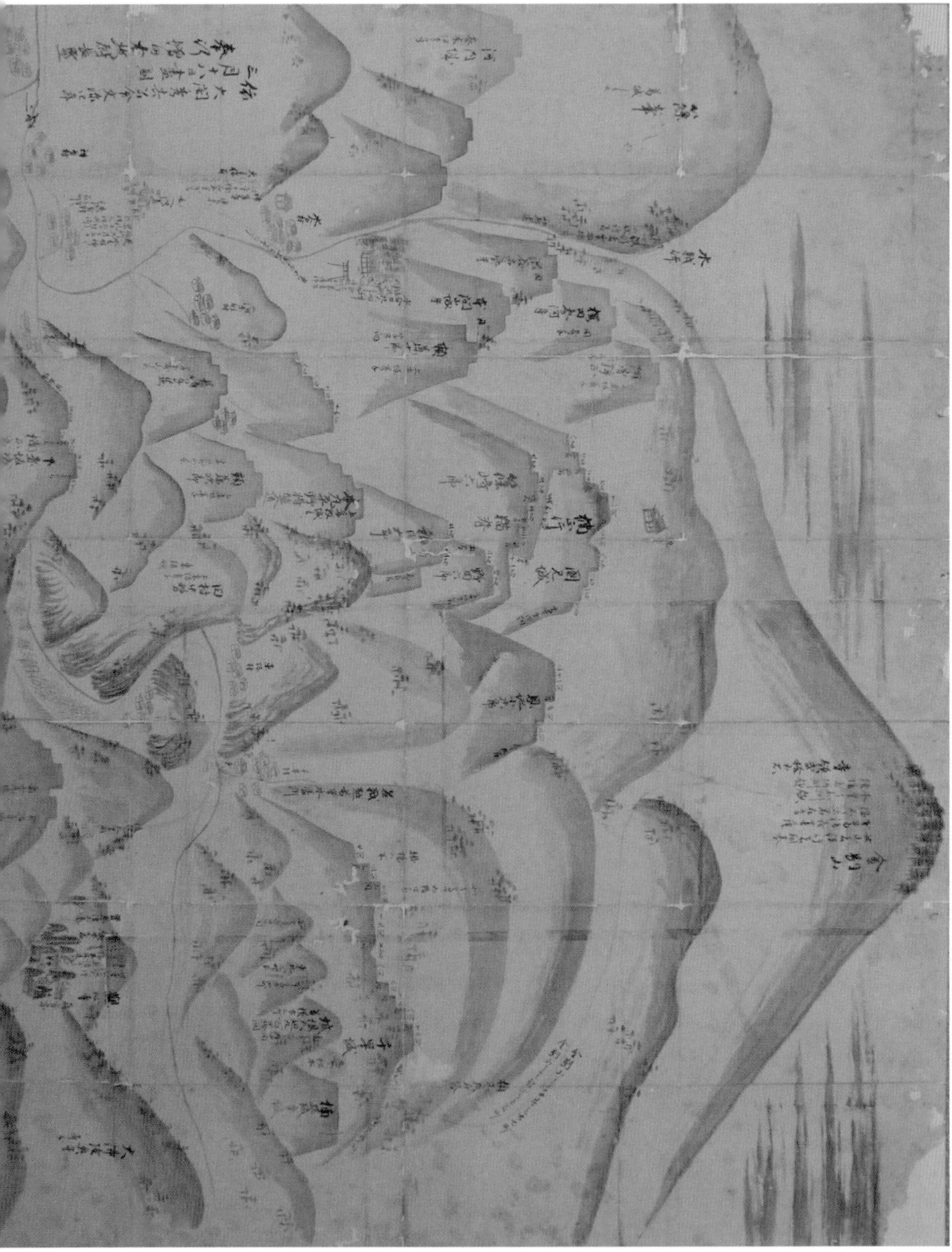

●現在の北側からの上赤坂城跡の遠景と史蹟楠木城阯標石。上赤坂城跡・赤坂城跡・千早城跡は昭和九年に国の史蹟に指定された。

●現在の東側からの赤坂城跡の遠景と平成五年に千早赤阪村楠公史跡保存会（当時）が再建した史蹟赤坂城阯標石。

●現在の北側からの千早城跡の遠景と史蹟千早城阯標石。城跡には楠木正成・正行父子が合祀された千早神社がある。

楠公史跡案内図：千早赤阪楠公史跡保存会 HP（https://nanko-hsps.jimdofree.com/）楠公の史跡 - 文化財等／楠公史跡マップ

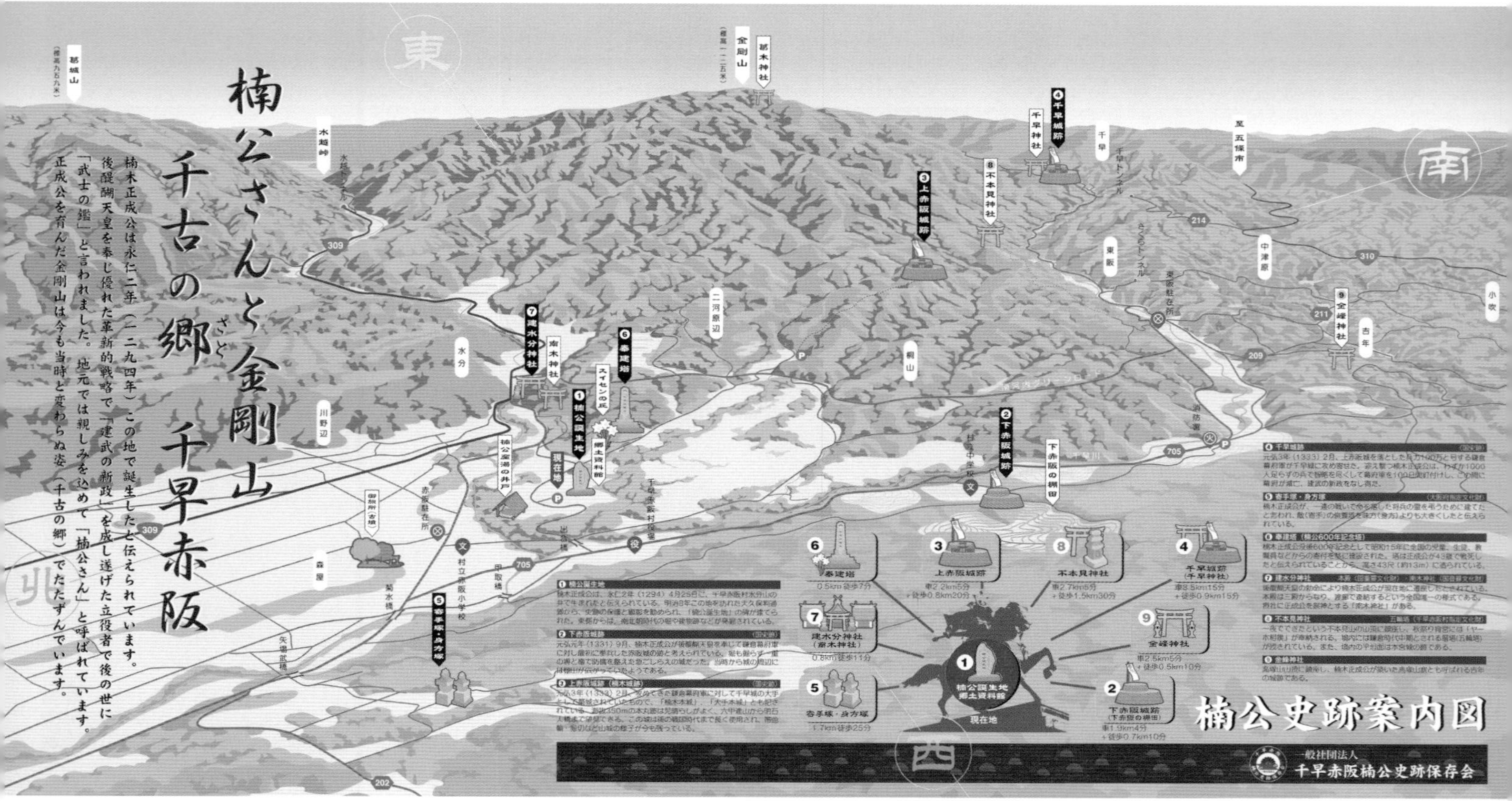

はじめに

この度、わが千早赤阪楠公史跡保存会より『楠木正成　知られざる実像に迫る』を出版できる運びとなり、大変喜ばしく、興奮の思いです。

私が大阪市のメインストリートである心斎橋で都会でのサラリーマン生活を始めたころ、出身地を尋ねられると、田舎であるという負い目から「千早赤阪村です。」と胸を張って答えられない自分がいました。また、当時はまだ第二次世界大戦の傷が癒えない時期であり、「忠君愛国」「滅私奉公」「七生報国」という「楠公精神」のもと、国民が一丸となって米英中露などの諸国と戦争に突き進み敗戦した直後でしたので、「楠木正成」は「戦争のことを連想する。」とか「帝国主義につながる。」という教育も一部ではあったようです。私自身、「千早赤阪村は何もない村です。」と消極的な発想を持つ人たちと同じになっていました。

しかし、仕事が一段落して保存会活動に参加して、千早赤阪村には「金剛山と楠木正成」という大きな宝物があり、それを私は知らなかったことは、大きな間違いであったことに気づきました。富士山の次に登山者が多いと言われる「金剛山」、鎌倉時代から南北朝・室町時代への大きな歴史の変換期に活躍をした「楠木正成公」、その歴史の一ページがこの千早赤阪村で繰り広げられていたのです。

「何もない。」どころか日本中に誇れるものが千早赤阪村には二つもある。国史跡の一つ「楠木城跡（上赤阪城跡）」の草刈りをしながらふと考えました。この村の大きな魅力に多くの人々に気づいていただきたい。また、特に村の子どもたちには、大人になったとき、「私の故郷は千早赤阪村です。」と胸を張って言えるようになっていただきたい。

このような私の思いもあり、この度、千早赤阪楠公史跡保存会として、楠木正成公のことを新しい視点から、もっとわかりやすく、たくさんの人に理解していただき、「千早赤阪楠公史跡」を日本国中に胸を張って自慢できるものにしていきたいと思い、本書を刊行することと致しました。

大きな縁があって、生駒孝臣先生に今までの楠木正成公の描き方と違う角度から、その人となりや地域の人たちとの関わり方なども描いていただくこととなりました。いろいろの世代の人たちにも分かりやすく、読みやすい本です。

私たち、千早赤阪楠公史跡保存会が目指す将来へのストーリーを実現する為の教本ともなるものです。

この場をお借りしまして感謝の意を表したいと思います。

一般社団法人　千早赤阪楠公史跡保存会

理事長　森口芳樹

楠木正成　知られざる実像に迫る＊目次

楠木正成の実像に迫る　生駒孝臣

楠公顕彰と千早赤阪村　尾谷雅比古

凡例

一、本書は「一般社団法人千早赤阪楠公史跡保存会」が企画編集した図書である。

二、本書の執筆は生駒孝臣、尾谷雅比古が分担執筆した。

三、本書の編集事務は「一般社団法人千早赤阪楠公史跡保存会」事務局が担当した。

四、本書では、「赤阪」、「赤坂」を使用する城や地名の表記については、行政村名や史跡の官報告示表記あるいは引用参考文献で使用されている場合は、それを踏襲して「阪」を使用し、それ以外は「坂」を用いている。

五、引用参考文献は各文章末に記載した。

六、挿図写真等は、出典が記載されている以外は、執筆者あるいは編集担当が撮影したものである。

楠木正成の実像に迫る

生駒孝臣

はじめに

いまからおよそ七〇〇年前の正慶《しょうきょう》二年（元弘《げんこう》三、一三三三）、現在の千早赤阪村一帯で時代を変える大きな戦争があった。楠木合戦と呼ばれる楠木正成と鎌倉幕府軍との戦いである。少ない兵力で鎌倉幕府の大軍を相手に五ヶ月もの籠城戦に耐え抜いた正成の名は、広く知れ渡ることになった。正成、そして足利尊氏《あしかがたかうじ》、新田義貞《にったよしさだ》といった武将たちの活躍により、一五〇年近く続いた鎌倉幕府は滅びた。

それから三年後、正成は摂津国の湊川《みなとがわ》の地（神戸市兵庫区）で足利尊氏との戦いに敗れてこの世を去った。享年四三才ともいわれるが、それは江戸時代に流布した説によるもので、正成が何才だったのか、いつ生まれたのかいっさいわからない。何よりも正成の歴史の表舞台における活躍はたったの五年に過ぎなかったというと驚く人も多いだろう。

歴史研究では文献史料という文字で書かれた古文書や日記などの記録をもとに、過去の出来事や人物の生涯を復元する。文献史料とはいっても、文字で書かれていれば何でもよいわけではない。事件が起こったときや人物が生きていたときと同時代に書かれたもの（一次史料という）を信頼できる証拠として重視する。

そうした正成に関する一次史料はほとんど残っておらず、その足跡を確実にたどれるのは元弘元年

湊川神社境内楠木正成戦没地

(一三三一)以降のことである。だとすれば、元弘元年以前の正成について伝わる逸話や伝承は、いったい何に基づいて現在まで語り継がれることになったのか。残念ながら正成が幼少期から世に出るまで及び没するまでの彼にまつわる多くの逸話や伝承には、それらを裏付けられる証拠が残っていない。無論、伝承・伝説はそれとして大事にすればよいのであり、何も真偽を判断する必要はない。

しかし、正成については死の直後から伝説的な人物として捉えられるようになり、現在に至るまでいろいろな逸話が付け足された結果、その実像がわかりづらくなっているのも事実である。そうした何が事実でどれがフィクションなのかわからない後世の言説を一旦取り外して、等身大の正成像を復元することも必要ではないだろうか。

そこで本稿では、いま一度、楠木正成の生涯を確かな史料に基づいて、河内、特に正成が生まれた現在の千早赤阪村及びその一帯との関係を意識しながらたどってみたい。

とはいえ、正成の実像、または実像に近い姿を究明するには、繰り返し述べるように証拠となる一次史料があまりにも乏しすぎる。そのため、一次史料の欠乏を補うには、後世に作成された史料も参照せねばならない。一次史料に対して、特定の出来事や人物について同時代ではなく後世に書かれたもの（編纂物や物語など）を二次史料という。二次史料はそうした性格のため、内容の全てを鵜呑みにするのではなく慎重に扱われる傾向にある。二次史料で正成に関連するものとしては、南北朝時代を代表する軍記物語の『太平記』がそれに該当する。

『太平記』は正成の生涯を語る際に必ず参照されるものであり、南北朝時代以降の正成像の形成に最も大きな影響を与えたといっても過言ではない。ではその史料的な性格はどうかというと、正直いってこれはなかなか難しい。

というのも、現存する全四十巻の『太平記』は、暦応《りゃくおう》元・延元《えんげん》三年（一三三八）から観応《かんのう》元・正平《しょうへい》五年（一三五〇）までの間に最初のかたちが成立し、応安《おうあん》末から永和《えいわ》年間（一三七五〜七九）に、それ以前から行われていた改訂作業や数度に及ぶ書き継ぎ・添削等を経て成立したと考えられている。そして、現在我々が目にするかたちの『太平記』が最終的に成立したのは、明徳《めいとく》三・元中《げんちゅう》九年（一三九二）以降のこととされる。つまり、正成が生きていた時期、もしくは彼の死からほど遠くない時期から書き始められていたとみられることから、同時代史料に匹敵する情報が含まれているとしてもおかしくはないのである。

だが、それでも物語史料という性格上、やはり誇張・粉飾・虚構が含まれているとみて慎重に扱わねばならない。とはいえ、『太平記』に頼らねば正成の実像を追究することができないのもまた事実である。

ちなみに、かつて『太平記』は「南朝方贔屓《ひいき》」（南朝寄り）の書といわれていたが、現在では室町幕府の成立・南北朝動乱に関わる正史として成立したものと理解されている。すなわち、同書に記された正成の姿は、必ずしも南朝側の人間の理解だけを反映したものではないのである。

よって本稿では、『太平記』の正成関連の記事を、正成とほぼ同時代を生きた人々の正成に対する認識が反映されたものと捉え、数少ない一次史料や一次史料がない事項を補うために積極的に用いることとする。その際、読者にとっては煩雑かも知れないが、「『太平記』では」「『太平記』によると」「『太平記』に記されるように」といった条件を付けながら史実とは区別して表記する。

それでは、正成にまつわる伝承・伝説や『太平記』以外の二次史料から距離を取り、一次史料に依拠しながら正成の実像とその生涯をたどっていこう。

1　楠木氏の出自と正成の実像

1-1　楠木氏の居館

貞和《じょうわ》四・正平《しょうへい》三年（一三四八）正月八日、室町幕府の武将高師泰《こうのもろやす》が河内国の千早・赤坂一帯（以下、中世の千早赤阪村一帯を指す場合、区別して「千早・赤坂」と表記する）を中心とする東条への総攻撃を仕掛けた。師泰軍の攻撃は、「楠木左衛門尉正行住宅」以下を悉《ことごと》く焼き払うほどの激しいものであった（「田代文書」）。この「楠木左衛門尉正行住宅」とは、いうまでもなく当時楠木一族の棟梁として千早・赤坂一帯を治めていた楠木正成の長男正行《まさつら》の居館のことである。

正行は、師泰の総攻撃が起こる三日前の正月五日に、高師直《こうのもろなお》（師泰の兄弟）との河内国の四条畷《しじょうなわて》での合戦に敗れて戦死していた。師直はその後、南朝の皇居が置かれていた吉野へと軍を進めるが、師泰は当主のいなくなった楠木一族の殲滅《せんめつ》を図るべく、東条総攻撃を実行したのである。

師泰による東条総攻撃とその後の楠木一族の動向など語るべきことはたくさんあるが、いまここで注目したいのは、師泰軍によって焼き払われた正行の居館についてである。現在残っている当時の記録や古文書といった文献史料からは、正行の居館がどこにあったのか、またどれくらいの規模だった

誕生地遺跡二重の堀（千早赤阪村教育委員会）

のかは全くわからない。

唯一の手がかりは、現在の千早赤阪村に所在する正行の父楠木正成の誕生地と伝えられる史跡（楠公誕生地）である。ここは発掘調査によって一四世紀の二重の堀に囲まれた建物群の跡が確認されており、楠木氏の館跡と目されている。したがって、高師泰によって焼き打ちにされた住宅は、正成の跡を継いだ正行が父から譲り受けた居館そのものだった可能性が極めて高い。

それでは、本書の主役である正成はいつこの館で誕生したのだろうか。また、この楠木氏の館はいつから千早・赤坂の地――現在の千早赤阪村――に存在したのだろうか。こうした疑問を並べると、楠木氏は古い時代から千早赤阪村にいたのが当たり前で正成も楠公誕生地で生まれたのだから、何一つ疑問などないと思う人は多いだろう。

しかし、楠木氏が大昔から千早赤阪村、もしくはその付近にいたかどうか、実ははっきりとわかっていない。

1-2 楠木氏の系譜

楠木氏は、六世紀の敏達天皇《びだつてんのう》とその子孫の橘諸兄《たちばなのもろえ》を祖とし、河内や和泉に広がった橘氏の後裔だとされる。これは、楠木氏の系図や『太平記』で語られる正成の素性にもみえており、正成や正行自身も公式な文書などに自分の名前を書く際、「橘」の氏《うじ》を用いている。だが、楠木氏が本当に橘氏の末裔だったかどうかは別問題である。

なぜなら、中世の武士の中には、源頼朝や足利尊氏ら清和源氏など、平安時代以来の一族の流れが明確にたどれる氏族以外、家系がはっきりしておらず、「源」「平」「橘」といった本姓を自称しているものが多く存在したからである。すなわち、ある武士の家系が系図上で古代の天皇の子孫に位置づけられているからといって、それが正しいとはいえないわけである。

ちなみに、楠木氏に関わる系図は何種類も存在するが、系図によって正成の父の名前は「正遠」や「正康」となっており一定していない。これは、後世になって楠木氏の系図が作られる段階で正成の父の名前が正しく伝えられていなかったこと、正成の父を含めたそれ以前の楠木氏の家系が不明だったことを示している。つまり、楠木氏の系図を作成した人物たちは正成以降の楠木氏の流れについては知っていても、正成以前のそれについては知らなかったというわけである。

1-3 楠木氏の名字の地

このことは、楠木氏の出自という問題と深く関わっている。実際に正成以前の楠木氏が河内・和泉に繁茂した橘氏の子孫だったとすると、名字の地がどこだったのかが問題となる。名字の地とは、文字通りその家の名字の由来となった先祖相伝の土地のことであり、本貫地にあたる場合が多い。楠木氏であれば、もともとは橘氏だったのが一族が分立する過程で「楠木」という土地に土着してその地を名字とした家ということになる。

それでは、千早赤阪村一帯に古代または中世にまでさかのぼれる「楠木」、または『太平記』などでの楠木氏の表記である「楠」の地名があるかというと存在しない。そのため、楠木氏が河内国生え抜きの土豪という理解については早くから疑問視されてきたという経緯がある。

唯一、千早赤阪村に近い大阪府南河内郡太子町に「楠木」の小字《こあざ》（町村の字をさらに細かく分けた区域）地名があり、ここと楠木氏の出自との関連を指摘する意見もある。だが、小字としての「楠木」が古代・中世以来の地名として続いてきたという確証はなく、近世・近代以降に名付けられた可能性も否定できない。もし当地が楠木氏の本貫地だったとすれば、ここで楠木氏が発展してもよかったはずであり、この辺り一帯に楠木氏関連の伝承が残っていないのも不自然である。

したがって、少なくとも中世にまでさかのぼることができて、楠木氏の名字の地にふさわしい地域は河内以外に求めざるをえない。そうした可能性の一つとして注目されるようになったのが、駿河国の入江荘《いりえのしょう》内に所在した「楠木村」（静岡県静岡市清水区）という地名である。

1-4　駿河国の楠木村

この「楠木村」は、鎌倉時代の正応《しょうおう》六年（一二九三）七月に同じ入江荘内の長崎《ながさき》郷とともに、鎌倉幕府から鎌倉の鶴岡八幡宮《つるがおかはちまんぐう》に寄進された土地である（「鶴岡八幡宮文書」）。この地がなぜ楠木氏の名字の地の可能性があるかというと、次のような推測から導き出される。少し複雑だがなるべく簡潔に説明しよう。

もともと、入江荘内の楠木村に近接した長崎郷は、当時の鎌倉幕府において実権を掌握していた北条得宗家《ほうじょうとくそうけ》（鎌倉幕府執権《しっけん》を勤める北条氏の嫡流家）の家臣の筆頭である内管領平頼綱《ないかんれいたいらのよりつな》の所領であった（北条得宗家の家臣を得宗被官《とくそうひかん》、その筆頭を内管領という）。頼綱は主人の北条貞時《さだとき》を凌ぐ権勢をふるっていたが、長崎郷・楠木村が鶴岡八幡宮に寄進される三ヶ月前の正応六年四月に頼綱の権勢の拡大を不安視した貞時によって討たれることになった（平禅門の乱）。頼綱の旧領は幕府に没収され、長崎郷と楠木村が鶴岡八幡宮に寄進されたという次第である。

この平頼綱との関連で注目されたのが長崎郷である。頼綱の死後、内管領の地位は乱に連座しなかった一族の長崎光綱《ながさきみつつな》に引き継がれることになった。長崎光綱は、北条得宗家最後の当主北条高時《たかとき》のもとで絶大な権力を握った長崎円喜《えんき》の父である。すなわち、平頼綱の所領であった長崎郷は、頼綱の一族によって治められており、そこを名字の地としたのが長崎氏だったとみられるのである。

こうした得宗被官平頼綱の所領かつ長崎氏の名字の地であるという長崎郷の性格をふまえて、当地に近接して所在した楠木村も平頼綱や長崎氏との関係は不明なものの、同じく得宗被官であった楠木氏の名字の地であったと想定されたのである。その楠木氏がいつの頃か、当地を離れて河内へと移ったというわけである。

1-5　楠木氏は得宗被官か

楠木氏が得宗被官であったという根拠としては、楠木正成が元亨《げんこう》二年（一三二二）八月に北条高時の命令を受けて紀伊国の保田荘司《やすだのしょうじ》を討伐してその旧領を与えられたという『高野春秋編年輯録《こうやしゅんじゅうへんねんしゅうろく》』に記載された話が挙げられる。同様の話は江戸時代に林羅山《はやしらざん》が編纂した鎌倉幕府の歴史書『鎌倉将軍家譜』にも載っている。『高野春秋編年輯録』は、享保《きょうほう》四年（一七一九）に高野山の僧侶が山内の文書・伝記・過去帳などをもとに高野山の歴史を叙述した書物である。

これらの話から、楠木正成は北条高時の被官であり、本来楠木氏は駿河国の楠木村を名字の地とする得宗被官であったこと、さらに正成の父祖が河内国の得宗家の所領（観心寺荘）を管理する代官として千早・赤坂の地に送り込まれたという推測がなされたのである。

ただし、『高野春秋編年輯録』などは、やはり後世の史料という点で信憑性については疑問視する意見もあり、正成と高時との関係を物語る逸話も近世になって創作されたという指摘がある。また、太子町の「楠木」の小字と同様に、駿河の「楠木村」が鎌倉時代以来の地名であるにもかかわらず、現在の静岡市清水区に楠木氏や正成に関する伝承が残されていないことも、楠木氏の名字の地であったという決定打に欠けるといわざるを得ない。

その一方で、正成が得宗被官か否かはともかく鎌倉幕府の関係者であったということは、どうやら正成と同時代を生きる鎌倉時代の人々に広く知られていたようである。

1-6 楠の木の根

正慶二年（元弘三年、一三三三）二月、後醍醐天皇の倒幕運動に呼応して二度目の兵を挙げた正成は、前月から千早城に籠城しており鎌倉幕府の大軍を相手に持久戦を展開していた。幕府軍がひと月以上経っても正成を討つことができないという状況は京都にも伝わっていた。そんな折ある貴族は、誰かが詠んだ正成の籠もる千早城をなかなか落とせずにいる幕府を揶揄《やゆ》するような、次の歌を聞いたという（『後光明照院関白記』正慶二年閏二月一日条）。

楠の木の根ハかまくらになるものを枝をきりにと何のほるらん

「楠木の根っこは鎌倉に成っているのに、なぜ（わざわざ鎌倉幕府軍は）その枝を切りに（畿内へと）のぼるのだろう」というこの歌は、楠木氏と鎌倉幕府との関係を示唆している。「楠木の根」は楠木氏の出自を指しており、それは鎌倉にあったこと。つまり楠木氏は鎌倉幕府の御家人または得宗被官など幕府関係者であったことを物語っている。

すなわち、鎌倉に「根」を持つ楠木氏の「枝」たる正成は、幕府にとっていわば身内である。それなのに、幕府が正成を討伐するためにわざわざ畿内まで軍勢を送り込み、いまだに苦戦を続けている不甲斐ない様子が歌に詠まれたというわけである。

この歌から、正成ら楠木氏は鎌倉幕府の関係者であり、その事実は当時の京都でも広く知られていたことを読み取ることができるのである。鎌倉時代の早い時期には源頼朝に仕えた関東の御家人に「楠木四郎」がいたことが知られ（『吾妻鏡』建久元年十一月七日条）、彼と正成との系譜関係は不明なものの、楠木氏が鎌倉幕府と密接に関わる一族であったことは疑いない。御家人の中には早くから北条得宗家に仕えて得宗被官となったものも多く、楠木氏もその一人だったのかもしれない。

いずれにせよ、正成が『高野春秋編年輯録』にみえたような北条高時の被官ではなかったとしても、鎌倉幕府の関係者であったということは紛れもない事実であったと捉えてよかろう。

1-7 楠木氏と河内

では、楠木氏が河内以外の名字の地で誕生し、千早・赤坂の地に移住したとするならば、それはいつのことだったのだろうか。

鎌倉時代の末期に近い永仁《えいにん》三年（一二九五）正月以前に、播磨国にあった東大寺の所領の大部荘《おおべのしょう》（兵庫県小野市）で「河内楠入道」らが濫妨（掠奪すること）をはたらいたとして訴えられるという事件が起こっていた（「筒井寛聖氏所蔵文書」）。これが正成以前の楠木氏と河内との関係について具体的に知られる唯一の事例である。

この「河内楠入道」は、正成の父祖または一族とみられ、自身の住所を指す「河内」の名乗りから、永仁三年には楠木氏が確実に河内にいたことを示している。

すなわち、楠木氏は古い時代からかどうかはともかく、永仁三年以前に河内の千早・赤坂に居住しており、正成はそこで誕生したとみてよかろう。こうして楠木氏は河内ひいては畿内の武士として千早・赤坂一帯に定住し、鎌倉幕府の御家人または得宗被官などとして活動していたと想定できるのである。

金剛山一帯

1-8　正成の様々な「顔」

さて、楠木正成が鎌倉幕府の御家人あるいは得宗被官であったという見方に対して抵抗を感じる人は多いだろう。それは最後まで後醍醐天皇に従い命を散らしたという「忠臣」としての正成の姿から、天皇に仕えた正成が鎌倉幕府の御家人などであったはずがないという先入観に基づくものである。

武士が幕府に仕えていたら天皇や貴族に仕えることはできない、あるいは仕えてはならないと誤解している人もいるのではないか。確かに「忠臣は二君に仕えず」という言葉があるが、中世において一人の武士が複数の主人に仕えたり、幕府の御家人でありながら京都の貴族に奉仕するというのはごく当たり前のことであった。

とりわけ正成の活動基盤である河内を含めた畿内一帯では、古代から朝廷（公家）の影響力が強いこともあり、王家（天皇家）や貴族に仕えながら、鎌倉幕府が成立すると御家人にもなった武士が多く存在した。正成もそんな畿内の武士の一人だったとみれば、彼が御家人でありながら後醍醐天皇と結び付いたとしてもなんら不思議ではない。その点は、幕府の御家人であった足利尊氏や新田義貞が幕府を裏切り、後醍醐天皇に呼応して倒幕に力を尽くしたことと何ら違いはないのである。

また、正成は商人的な武士だったという見方がある。楠木氏の根拠地である金剛山一帯では辰砂《しんしゃ》（朱砂《しゅしゃ》。水銀の原料となる鉱物）が取れたことから、正成はその採掘権を握って京都・奈良に販売したり、同じく金剛山系一帯から取れたざくろ石（研磨に使われる石）の販売権を有する集団（供御人《くごにん》）を統轄していたという見解である。だが、正成が朱砂を採掘したり供御人の統轄を通して資金を得ていたことを示す証拠は一切残っておらず、あくまで憶測に過ぎない。ただし、畿内の武士は交通・流通に関わりを持つことが多かったため、正成たち楠木一族も金剛山系一帯の交通・流通路を利用する、鉱石を扱う集団との接点を有していたとしてもおかしくはない。

中世の武士といえば、「一所懸命」という言葉があるように、先祖伝来の土地にしがみついてその開発に力を注ぐイメージが強いかもしれない。しかし、近年の中世武士・武士団研究では新たな像が提起されており、中世武士は、本領のほかに京都や鎌倉、遠隔地の所領に拠点を置いて一族を配置したり、自身も本領とそれらの拠点を頻繁に往来していたこと、そうした拠点は大きな道や河川に近接する交通・流通の要衝に置かれていたことなどが明らかとなった。

正成に則していえば、交通・流通への関与は古くから指摘されるところである。史料ではたどれないものの、京都へと続く東高野街道や大和川水系に接続する石川の水運を掌握していた可能性もある。正成はそうした陸路・水路を通して京都などを行き来し、近隣の武士たちとネットワークを結んでいたであろうし、御家人だったならば鎌倉を訪れる機会もあったと推測されるのである。

1-9　正成は「悪党」か

なお、戦後の研究で注目されるようになった正成の側面に「悪党」という理解がある。「悪党」とは現代で使われるような文字通りの悪者の意味ではなく、中世において朝廷・幕府や荘園領主などに

若松荘（現在の風景）

反抗して敵対行動を取り、追捕の対象となった武士やその集団を指す言葉である。

正成が実際に史料上で「悪党」と呼ばれており、前記した正成の一族の「河内楠入道」も東大寺領荘園で濫妨をはたらくという「悪党」的な行動を行っていたこと、また、『太平記』では正成が鎌倉幕府との戦いで、投石やゲリラ戦といった当時の「悪党」がとった戦法を用いたことなどから、「悪党」と捉えられるようになったのである。歴史学研究における「悪党」は、悪者というよりも領主の圧政に対する民衆などの抵抗の主体としての評価がなされてきたこともあり、正成が「悪党」であったという見方は、戦前の後醍醐天皇の「忠臣」という偏った正成像からの脱却に大いに役立つことになったのである。

こうした正成＝「悪党」説の提起は、不明な部分が多い正成の実像を掘り下げ、正成が生きた時代の特徴を豊かに描くことに繋がった。だが、正成が日常的に上位権力に反発するような行動を取る「悪党」だったかどうかはいまいちど検証する必要がある。そこで正成が「悪党」と呼ばれた事例をみてみよう。

元徳《げんとく》三年（一三三一。八月に元弘に改元）の二月から九月にかけて、和泉国の臨川寺《りんせんじ》領若松荘《わかまつのしょう》（堺市南区）で「悪党楠兵衛尉」がこの地を不法に占拠しているといううわさがあり、和泉国の守護代が当地を接収するという事件が起こった（「天竜寺文書」）。

この「悪党楠兵衛尉」が楠木正成のことであり、正成の同時代史料（一次史料）での初見である。ここでの正成は、若松荘を不法占拠するという荘園領主臨川寺に対する行為と、臨川寺の訴えを受けて正成に対する警察活動を担った幕府から「悪党」と呼ばれたわけである。若松荘は元徳三年二月一四日に後醍醐天皇から側近の真言僧の道祐《どうゆう》に与えられており、同荘の本来の所有者である臨川寺は天皇にその返還を求めて同月二五日にそれが認められた。正成による若松荘の不法占拠はその直後に起こったわけである。正成の占拠は、最初の挙兵（元弘元年九月）直前ということもあり、後醍醐天皇から当地を軍費として与えられていたための行動だという見解もある。

鎌倉時代の「悪党」という言葉には、対立する当事者同士が自分に対して不利益を与えた相手側を「悪党」と決めつけ、その処罰を朝廷や幕府に求める際に用いられたレッテルとしての側面もあった。正成が「悪党」と呼ばれたのは若松荘の一件のみであり、それもこの用法に照らし合わせれば、臨川寺・幕府側からの見方に過ぎない。それゆえ正成を恒常的な「悪党」であったとするには躊躇《ちゅうちょ》せざるをえないのである。

1-10 畿内武士としての正成

一方でこの時期の畿内各地では、レッテルとしてではなく実際に「悪党」と呼ばれた集団の横行も社会問題となっていた。正成はこうした「悪党」集団の一員ではなかったが、後述するように「悪党」集団を構成する武士たちとのネットワークを持っていた。

畿内は古代から公家や寺社といった大荘園領主の影響力が強い地域であり、鎌倉幕府が成立してもそれは変わらなかった。そうした様々な権力との関係を持ちながら畿内各地に基盤を置いていた武士たちにとって、荘園領主とのトラブルにより「悪党」として糾弾されることは日常茶飯事であった。

すなわち、公家に仕えて鎌倉幕府の御家人にも連なり、交通・流通に携わり、ときには荘園領主から「悪党」と非難されるような、多面的な要素を持つ畿内武士の姿こそが正成の実像だったのである。御家人、「悪党」、商人的な武士といったこれまで提起されてきたいくつもの像は、どれも正成にあてはまるものであり、何か一つの属性に絞って正成の実像を捉える必要などない。正成とは、こうした多面的な顔を持つ存在だったのであり、それゆえに倒幕を推進する後醍醐天皇と結び付くことになったのである。

2　楠木正成の挙兵

2-1　後醍醐天皇の倒幕計画

元弘《げんこう》元年（一三三一）八月、後醍醐天皇は鎌倉幕府打倒の計画が露見すると六波羅探題《ろくはらたんだい》の追っ手が迫る御所を脱出して、京都から山城国と大和国の境にある笠置山《かさぎやま》（京都府相楽郡笠置町）へと逃れ籠城した。後醍醐による倒幕計画の発覚と失敗は正中《しょうちゅう》二年（一三二五）に続いてこれで二度目であった。後醍醐は文保《ぶんぽう》二年（一三一八）に大覚寺統《だいかくじとう》と持明院統《じみょういんとう》とに分裂した王家（天皇家）の中にあって大覚寺統の「中継ぎ」として即位した天皇であった。一代限りの天皇とされた後醍醐は、その地位を自分の子どもに譲ることはできず、院政を敷くことも認められなかった。後醍醐をそのように位置づけたのは父の後宇多《ごうだ》院であり、後宇多の構想を支持したのは鎌倉幕府であった。それゆえ、天皇親政の理想に燃える後醍醐の未来を閉ざすことになった幕府は、後醍醐にとって潰さねばならない存在だったのである。

南北朝時代の歴史物語の『増鏡《ますかがみ》』によると、笠置山に行宮《あんぐう》（仮の皇居）を置いて籠城した後醍醐天皇のもとには、大和・河内・伊賀・伊勢の武士たちが集っていたが、とりわけ後醍醐が頼りにしていたのが楠木正成であった。「心猛くすくよかなる者」（心が勇ましく丈夫な身体をもつもの）であった正成は、千早・赤坂の自分の館を堅固な要塞に改修し、笠置山が落とされるようなことがあれば後醍醐をここに迎え入れようとしていたという（『増鏡』第十五）。

ここで唐突に正成が後醍醐のもとにあらわれたのだが、その間の経緯は『太平記』が次のように描いている。

2-2 『太平記』の後醍醐天皇と正成との出会い

後醍醐天皇は笠置山山頂の笠置寺の本堂を行宮として籠城をはじめた。後醍醐のもとには近隣の武士たちが集まってきたが、それでも少ない兵力であることに変わりはなかった。その状況を不安に思いながら眠りに落ち

笠置山

た後醍醐は、ある夢を見る。後醍醐は夢に現れた日光・月光菩薩の化身から「木」と「南」という言葉を示され、それが「楠」の字を指すと判断し、近隣に楠を名乗る武士がいないか探し求めた。すると、河内国の金剛山の麓に敏達天皇・橘諸兄を祖とする「楠多聞兵衛正成」という武勇に優れた武士がいることを知り、すぐに笠置山へと呼び寄せた。

後醍醐は、側近の万里小路藤房《までのこうじふじふさ》を通じて正成に、倒幕の方策について尋ねさせた。すると正成は、幕府を倒すには武力と知謀の二つが必要なことや、合戦に勝ち負けは当たり前なので一度負けたとしても自分がまだ生きているとお聞きになったら、天皇の運は最後に開けるものと思ってくださいと頼もしげに答えて河内へと帰っていった（『太平記』第三巻）。

このように『太平記』では、後醍醐天皇が笠置山に入ってから正成と出会ったことになっている。しかし、実際には『増鏡』に後醍醐が正成を頼みとしていたとあるように、それより以前から両者の間には接点があったとみたほうがよさそうだ。

2-3　後醍醐天皇と正成

正成が後醍醐天皇の笠置山籠城の数ヶ月前に和泉国の若松荘を不法占拠し、そこは後醍醐から軍費として与えられていたという見解があることは前記した。その前提には、後醍醐の側近であった道祐が正成と後醍醐を仲介したと考えられている。さらに近年では、正成が道祐とも関わりのある後醍醐側近の真言僧隆誉《りゅうよ》とも関係を有しており、元亨《げんこう》二年（一三二二）以降に後醍醐の倒幕計画に加わっていたという説も出されている。

この説については、根拠となった史料の検討が必要と考えられるため慎重に扱わねばならない。それでも、正成は後醍醐の倒幕計画に比較的早い段階から関わりを持っていたとみても間違いではなかろう。

さらに、正成と後醍醐が結び付く契機となった人脈としては、道祐や隆誉といった僧以外に京都で活動していた武士の存在が想定できる。

2-4 正成と畿内の武士

この後、挙兵する正成のもとには、摂津国の渡辺《わたなべ》（大阪市北区・中央区）一帯を活動拠点とする渡辺氏や、同じく摂津の平野《ひらの》（大阪市平野区）を本拠とする平野氏といった武士が集うことになる。渡辺氏は平安時代末期の白河院政期から王家に仕え、幕府の御家人にもなった武士である。また、平野氏も鎌倉時代の後期には、王家の中でも持明院統（後醍醐天皇が属した大覚寺統とは別の皇統）の貴族に仕えていた。両者には王家に直接・間接的に仕えて日常的に在京活動を行っていたという共通点がある。

とりわけ、平野氏の平野将監入道は、後醍醐の側近の峯僧正俊雅《みねそうじょうしゅんが》という僧や、のちに播磨国で幕府に対して反旗を翻す赤松氏と関係の深い人物との繋がりを持っていた。また、元徳《げんとく》二年（一三三〇）九月には、渡辺氏ら摂津から河内・大和へと繋がる淀川・大和川や主要な街道などの交通・流通の要衝に拠点を置く武士たちとともに、数多《あまた》の「悪党」を率いて摂津国の東大寺領長洲荘《ながすのしょう》（兵庫県尼崎市）に乱入するという事件を起こしている（「宝珠院文書」）。

この平野将監入道と正成との繋がりから、正成は平野将監入道が人脈の末端に連なっていた後醍醐天皇の倒幕計画に組み込まれていた可能性が指摘されている。

彼らと正成はどこで接点を持ったのか。畿内の武士は交通・流通に携わると述べたが、普通に考えれば河内の正成と摂津の渡辺・平野氏ともそうした交通・流通への関与を通して地域社会での交流を持っていた可能性はある。だがそれよりも、渡辺・平野の両氏が在京活動を行っていた事実から、正成との接点も京都にあったのではないかと推測される。

中世の武士は、院政期以来、内裏大番役（内裏を一定期間警固する武士の義務）を勤めたり、王家や貴族に奉仕するため、地方から京都に上って同じような立場にあった様々な地域の武士と交流する機会を得ていた。中央（京都）で結ばれた武士同士の関係は、それぞれが地方に戻っても解消されることはなく生き続け、お互いを保障し合うことにも繋がった。

こうした慣習は正成が生きていた鎌倉時代の末期にも残っていたであろう。正成が京都で活動していた証拠は全く残っていない。しかし、繰り返し述べるように中世の武士は、一所懸命の地にしがみついていただけでなく京都などに頻繁に赴くことが普通であった。正成も京都と河内を往来することはあっただろうし、京都に邸宅を有して鎌倉幕府の関係者という立場で公家や幕府の出先機関である六波羅探題との関係を築いていたかもしれない。

だとすれば、正成自身も、そうした在京活動を通して渡辺氏や平野氏と交流する機会を得ていたとしても不思議ではない。

正成の出自をふまえて以上の点を整理すると、鎌倉幕府の関係者であった正成は、京都での活動を通して後醍醐天皇周辺の僧や武士と接点を持つこととなり、いつしか彼らが関わっていた天皇の倒幕計画に組み込まれることになったという流れが想定できよう。そうした前提があったからこそ、『増鏡』は正成を笠置山の後醍醐天皇が最も頼りとする武士と記したとみられるのである。

2-5　赤坂城での挙兵

元弘元年（一三三一）九月、正成は千早・赤坂で挙兵した。『太平記』は、正成の館の上にそびえる赤坂山に城郭を構え、そこに五百騎余りの軍勢で立て籠もったと記す。

一方幕府は、笠置山に籠城する後醍醐天皇を捕えるため、関東から北条一門の大仏貞直《おさらぎさだなお》と足利尊氏（当時は高氏を名乗っていたが、尊氏で統一する）ら、二〇万八千騎の軍勢を派遣した。正成が兵を挙げた千早・赤坂には近隣の御家人が差し向けられており、和泉国の御家人和田助家《みきた》は九月一四日から「楠木城」への攻撃に加わっていたことが知られる（「和田文書」）。

後醍醐天皇の籠もる笠置山は九月二六日に幕府軍の攻撃によって陥落した。天皇は笠置山から脱出したものの、道中で幕府方の武士深栖五郎《ふかすごろう》に捕らえられ、京都の六波羅探題に護送されることになった。

笠置山が陥落しても正成は粘り強く抵抗を続けていた。幕府から笠置山に派遣されていた関東の軍勢は、笠置山が落ちるとそのまま四手に分かれて千早・赤坂へと迫った。

『太平記』に正成が少ない兵力で幕府の大軍を相手に奇策を用いて対抗する姿が描かれるのは、このときのことである。幕府軍は正成軍の貧弱さを侮って正成の籠もる城へと攻撃を仕掛けたが、正成による少数の兵力でのゲリラ戦術に悩まされ、城からの落石・熱湯による反撃に翻弄されたという（『太平記』第三巻）。正成が鎌倉時代の一騎打ちによる戦い方をする中世の武士とは違って、「悪党」の戦法をとったことで、後世に「悪党」と捉えられた理由の一端はここにあった。

正成がそうした「悪党」であったかは前述の通り別の問題である。むしろ「悪党」的な戦い方であろうとなかろうと、少数の手勢で大軍に対抗するための奇策を用いたという点に正成の柔軟性を見て取ることができよう。

ともあれ、正成の籠城はひと月ほど続いたが、一〇月二一日についに落城した。このとき正成が立て籠もった城とは、国史跡赤阪城跡（下赤坂城）にあったという城である。下赤坂城跡は、城郭遺構は確認されていないものの現在の千早赤阪中学校の裏手にあったとされ、昭和一四年（一九三九）には「史蹟赤坂城址」の石碑も建てられている。

『太平記』では正成が籠もった下赤坂城は、急ごしらえの城で兵糧も少なかったとされる。

正成と後醍醐天皇との繋がりは、天皇が笠置山に籠城する以前からあったと考えられることはたびたび述べた通りである。もっと早く

国史跡赤阪城跡

から下赤坂城のような城塞が築かれていたとしてもおかしくはないのに、それがなされなかったのは、後醍醐の二度目の倒幕計画の発覚と笠置山への籠城が想定外の突発的な出来事であったからではなかろうか。それゆえ、正成は突貫工事で下赤坂城を築かねばならなかったと考えられるのである。

城といえば、大坂城や姫路城のように壮大な天守を持ち水堀と塀に囲まれたそれを思い浮かべる人も多いだろう。だが、鎌倉時代から南北朝時代の城とは、守るべき場所へと続く道路（敵軍が来攻する道）に堀を掘り、その内側に楯や逆茂木《さかもぎ》を並べてバリケードとした交通遮断施設であったり、空堀を周囲に掘った内側に木柵や塀を立て木戸を設置し、その中にいくつかの櫓を構えた簡素なものであった。

下赤坂城もそうした簡素な城だっただろうが、塀や櫓に使う木材の調達から堀を掘るための人力は相当数必要となる。それでも短期間で完成にこぎ着けられたのは、正成のもとに相応の協力者が集まったからであろう。そうした協力者には、日頃から正成と交流のあった近隣の武士や、正成を領主として仰ぐ千早・赤坂一帯の民衆たちが多く含まれていたと推測される。

それも、事が起これば正成は幕府に対して反旗を翻すこと、それに伴い居館一帯を城塞化することなど、事前に傘下の勢力や民衆にも打ち明けていたからこそ、突然の正成の挙兵と下赤坂城の築造は実現できたのかもしれない。加えて、そうした重大事は得てして外部へと漏れるものだが、正成のもとに集った者たちは最後まで誰一人裏切ることはなかった。このことからも、いかに正成が周辺の勢力や民衆との信頼関係を築いていたかが窺われよう。

正成は城が落ちる際に、自分が死んだふりをして残った城兵に火を掛けさせて行方をくらましたと『太平記』には描かれる。実際、これより一〇ヶ月後に正成は再び兵を挙げることになり、このとき、幕府の大軍に包囲された千早・赤坂一帯から無事に落ち延びることができたわけである。その後、正成がどこへ逃れたのかは一切わからない。金剛山系を伝って紀伊や大和の山間部に逃れたのかもしれない。長期間に及ぶ逃亡が成功したのは、やはり地域の勢力や民衆たちの協力があったからだろう。それほどまでに正成は、地域住民との強い信頼関係を築いていたとみられるのである。

3　正成の再挙と鎌倉幕府の滅亡

3-1　後醍醐天皇の隠岐への配流

笠置山の陥落後、元弘《げんこう》元年（一三三一）一〇月三日に後醍醐天皇は京都の六波羅探題へと護送された。この日、正成のもとにいた天皇の皇子尊良《たかよし》親王も幕府軍に投降して京都へと連行された。当初、尊良親王は同じく父の挙兵に従った護良《もりよし》親王とともに笠置山に入っていたが、陥落する以前に正成の館に移ったという（『増鏡』）。父後醍醐の敗北に伴って降伏した尊良親王に対し、護良親王はいつしか正成のもとを離れ、奈良・紀伊へと逃れて再起の機会を窺うことになる。

京都に送還された後醍醐天皇は、一〇月六日、幕府によって新たに立てられた光厳《こうごん》天皇に天皇の象徴である三種の神器を引き渡し、皇位を失った。幕府は後醍醐の隠岐《おき》への配流《はいる》を決定し、後醍醐に従った公卿や武士たちの処分を行った。翌年の三月に後醍醐は隠岐へと流された。そして、五月には元号が元弘から正慶《しょうきょう》に改められた。

こうして正中《しょうちゅう》元年（一三二四）以来、二度にわたって引き起こされた後醍醐天皇による倒幕活動は決着を迎えた。と、当時の誰もが思っていたのではないだろうか。だが、それは終わりの始まりに過ぎなかった。

3-2　正成の再挙兵

正慶元年（一三三二）一一月、この頃、京都には行方知れずとなっていた正成の動向が伝えられていたようであり、御所では正成の挙兵を警戒して諸門の警固が強化されていた（「尊経閣所蔵文書」）。人々の危惧は的中し、一二月に正成が紀伊で、時を同じくして護良親王が吉野でそれぞれ兵を挙げた。二人は潜伏しながら緊密に連絡を取り合い、再び決起する機会を窺っていたのである。

幕府は直ちに正成と護良親王の追討を諸将に命じ、再び大軍を畿内に派遣することを決定した（「楠木合戦注文」など）。なお、護良親王を討伐した者には近江国の麻生荘《あそうのしょう》を、同じく正成を討った者には丹波国の船井荘《ふないのしょう》を与えるという条件が付けられた。さながら賞金首といったところであるが、せっかく後醍醐天皇の隠岐への配流で全て収まったと思っていた幕府の怒りと焦りが見て取れよう。

楠木正成自筆書状（天野山金剛寺蔵）

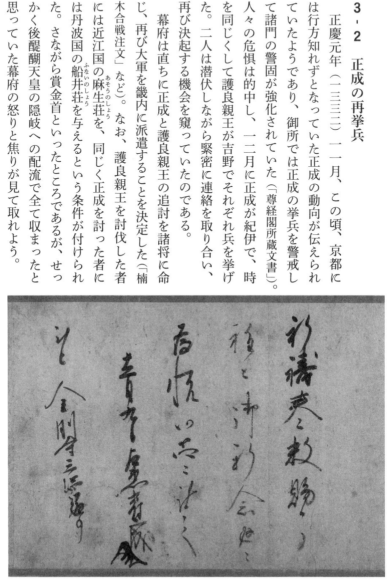

正成は、まず紀伊の隅田荘《すだのしょう》（和歌山県橋本市・奈良県五條市）に攻め込み、幕府方の隅田党《すだとう》と合戦に及んだ（「隅田家文書」）。その後、紀見峠を越えて河内へ入ると、幕府方の手に落ちていた赤坂城の奪還を目指した。

赤坂城には紀伊国の有力武士団湯浅《ゆあさ》党の湯浅（阿弖川《あてがわ》）四郎入道定仏《じょうぶつ》（宗藤《むねふじ》）が入っていた。正成は城に籠もる湯浅定仏ほか、安田重頼・藤並彦五郎入道・石垣宗有・生地師澄・宮原孫三郎・湯浅時武・糸賀野孫五郎ら八名の湯浅党の一族を難なく降し、赤坂城を奪い返すことに成功した。

『太平記』は、ここでも次のような正成の奇策を描いている。湯浅定仏は、赤坂城内の兵糧が乏しかったため、本領の阿弖川荘から人夫《にんぷ》に輸送させることにした。正成はその一団を、人夫と自軍の兵とを入れ替え、別の味方の兵が、それら人夫に入れ替わった兵たちを襲っているように見せかけて城へと追い立て、城内へ入り込ませることに成功する。城内に入った兵たちは、兵糧の俵《たわら》に隠しておいた武器を用いて鬨《とき》の声を揚げると、湯浅勢は城の内外両方から正成の軍勢に挟まれたことを悟り、一戦も交えることなく降伏したというのである（『太平記』第六巻）。

もちろん、『太平記』の創作の可能性は否定できない。それでも、大きな戦闘を経ずに城を奪取できたのは事実だったとみられ、それは正成が当地を知り尽くしていたからこそ隠密行動が可能だったことや、正成の帰還を望んでいた千早・赤坂の住民たちの協力があったからかもしれない。

正成は、一二月九日の時点で金剛寺（大阪府河内長野市）に対して、同寺が行った祈祷への返礼の手紙をしたためている（「金剛寺文書」）。このことは、同寺が早くから正成と連携しており、赤坂城の奪取が容易に達成された背景の一つだったといえよう。

3-3　河内・和泉での連戦

こうして赤坂城を奪還した正成は、年が明けると近隣の幕府方拠点への攻撃を開始した。正慶二年（元弘三年、一三三三）正月五日、赤坂城の南西に位置する甲斐荘安満見《かいあまみ》（大阪府河内長野市天見）で合戦に及び、紀伊国の御家人井上入道・上入道・山井五郎以下、五十余人を討ち取った（「楠木合戦注文」）。また正成は、この日に和泉の久米田寺（大阪府岸和田市）に対して、護良親王からの同寺境内・同寺領での軍勢の狼藉を禁止する命令を伝えている（「久米田寺文書」）。このように、正成は護良親王と緊密に連携しつつ、再挙兵からひと月足らずのうちに南河内のみならず和泉の南部にまで影響力を及ぼしていたのである。

正成の進撃が止むことはなく、同月一四日には丹南郡にあった河内守護所を襲撃して、河内守護代以下、丹下《たんげ》（大阪府羽曳野市）・池尻《いけじり》（同大阪狭山市）・花田《はなだ》（同堺市北区）地頭の俣野《またの》氏、和泉守護および田代《たしろ》・品川《しながわ》・成田《なりた》氏ら和泉国内の御家人たちを、翌日には同じく和泉の御家人の当器《とうき》（陶器）左衛門尉・中田《なかた》地頭・橋上《はしがみ》地頭代を追い落とし、一六日にも堺の合戦で幕府方を圧倒した（「楠木合戦注文」、『後光明照院関白記』）。

3-4　四天王寺での戦い

京都の六波羅探題は、正成の猛攻に対処するべく軍勢を摂津の四天王寺（大阪市天王寺区）に派遣して同寺一帯に城郭を構えていた。正月一九日、正成は一族とともに護良親王の側近の四条隆貞《しじょうたかさだ》を大将

四天王寺

とする五百騎余りの軍勢で六波羅軍が駐留する四天王寺へと攻め込んだ。合戦はほぼ終日に及び、正成らの軍勢は六波羅軍を四天王寺北方の渡辺（大阪市北区・中央区）まで追いやり兵糧米を奪い取るなど、大打撃を与えた（「楠木合戦注文」、『後光明照院関白記』）。

ちなみに、正成の軍勢には河内国石川《いしかわ》（大阪府河南町）の石川判官代《ほうがんだい》、摂津国平野（大阪市平野区）の平野但馬《たじま》前司《ぜんじ》、同渡辺（大阪市北区・中央区）の渡辺孫六《まごろく》、同喜《き》連《れ》（大阪市東住吉区）の切《きれ》判官代、和泉国の八田《はった》（大阪府岸和田市）、そして、赤坂城奪還後に正成に降伏した紀伊国の湯浅党の人物が加わっていた。

このうち、平野氏と渡辺氏については以前から正成と繋がりを有していた可能性があることを述べたが、切判官代は渡辺・平野と一緒に元徳二年（一三三〇）九月の東大寺領長洲荘を襲撃した「悪党」メンバーの一人であった。

また、石川判官代は源義家《よしいえ》や頼朝を輩出した河内源氏石川氏の末裔と考えられる。鎌倉時代の初頭までは南河内に一定の勢力を誇っていたが、この頃にはかつての勢いを失っていたとみられ、本拠地が千早・赤坂に近接するという関係から楠木氏とも結び付いていたのであろう。ここへきて正成とそうした武士たちとの京都や河内・摂津等で結ばれたネットワークが作用したというわけである。

ところで、『太平記』はこの合戦で、正成が六波羅軍の奉行であった隅田・高橋の軍勢を四天王寺から淀川（現在の大川）まで追い立て、当時架かっていた渡辺橋（現在の場所とは異なり天満橋と天神橋との間に架かっていたと推測される）の上から川面へと転落させたとする。そして、両者の体たらくを伝え聞いた口の悪い京わらべたちが、「渡辺の水いかばかり早ければ高橋落ちて洲田流るらむ」という落書《らくしょ》を詠んだという（『太平記』第六巻）。

淀川に架かる渡辺橋から敵兵をたたき落とすというエピソードは、息子の正行についても『太平記』に同様に描かれており、正行の場合は川に落ちた敵兵を救出するという結末になっている。また、『太平記』は正行の弟の正儀についても、場所は異なるが中津川・神崎川一帯の合戦で橋から落ちた敵軍を救出した逸話を載せる。

父と二人の息子がそれぞれ共通して川に敵兵を追い詰めて橋から落としたり、落とした兵を助けたりといったことが実際に起こったとみるのはなかなか難しい。いずれかは史実であったとしても、全てがそうであったわけではなかろう。それよりも重要なのは、『太平記』の作者が、川とそこに架かる橋、橋を舞台とした敵兵との戦い、という場面を正成と二人の息子の共通点として意識して描いていることである。

3-5　宇都宮公綱の下向

正慶二年（元弘三、一三三三）正月二二日、四天王寺一帯での合戦に勝利した正成らの軍勢は金剛山へと撤退する。それと入れ替わるようにして「坂東一の弓矢取り」と評された宇都宮公綱《うつのみやきんつな》がもぬけの殻となった四天王寺にやって来た。正成たちの撤退に憤ったのか、公綱の家子《いえのこ》たちが独断で「楠木城」へ討ち入り正成たちに生け捕られるという一幕があったものの、二月二日には宇都宮軍は京都へと帰っていった（「楠木合戦注文」、『後光明照院関白記』）。

このように、正成と宇都宮公綱とが実際に干戈《かんか》を交えることはなかったが、『太平記』では正成と公綱両者の駆け引きが描かれ、お互い正面からぶつかれば共倒れになることを理解していたために、正成は謀を廻らして公綱軍を翻弄し、公綱も引き際を見極めたのだとする（『太平記』第六巻）。

また、『太平記』は公綱の撤退後に正成が四天王寺に入り、聖徳太子が書いたという「未来記」、すなわち予言書を見たという逸話を載せる。「未来記」には北条高時の専横と後醍醐天皇の隠岐への配流、高時ら鎌倉幕府を滅ぼす者の登場、後醍醐の帰京と天皇への復位など、現在正成の周辺で起きていることから未来のことに至るまでが記されていた。

もちろん、聖徳太子という鎌倉・南北朝時代から七百年以上も前に生きていた人物がこうした未来を予言したわけではない。聖徳太子の「未来記」自体は、平安時代からかたちを変えて巻物や石に書かれたものがしばしば発見されていたが、いずれも作り物である。それでも中世の人々は、聖徳太子という半ば伝説上の人物が残した予言だと信じてありがたがった。

正成がみたというそれも同じであり、鎌倉時代の末期から南北朝時代にかけて起こる一連の出来事を知っている『太平記』の作者による創作に過ぎない。しかし、作者は『太平記』の中で聖徳太子が示した未来を唯一知り得た人物として正成を描いたのである。そうした作者の具体的な意図はわからないが、正成を他の武将とは異なる存在として位置づけようとしたことは間違いなかろう。

3-6　千早城の攻防

正慶二年（元弘三、一三三三）正月二二日に千早・赤坂へと帰った正成は居館及び下赤坂城から南東約六キロの位置にある千早城へと入った。千早城は、金剛山から伸びる標高約六七四メートルの稜線上に位置し、深い谷に囲まれたまさに要害と呼ぶにふさわしい。現在、城跡には千早神社や顕彰碑が建っているが、正成はここが時代を変える一つの磁場となり、後世に自分が祀られる場所となることなど想像もしなかったであろう。

　正成の本格的な籠城に対して、幕府は再び諸将への軍勢催促を行った。二月になると朝廷では「楠木城合戦」平定のために様々な密教の修法《しゅほう》が行われた（『門葉記』）。幕府の武力だけでなく神仏の力に頼るのは鎌倉時代後半のモンゴル襲来のときにも行われて

上赤坂城跡

千早城跡

おり、今回の正成による挙兵もそれに匹敵する脅威とみなされていたのである。

関東から上洛していた北条一門の阿曾《あそ》治時《はるとき》を大将とする幕府軍は、護良親王の籠もる吉野城、正成の籠もる千早城、そして、たびたび述べた元徳二年の長洲荘乱入事件の張本の一人であった平野将監入道が正成方として籠もる赤坂城（上赤坂城）へと三手に分かれて軍勢を進めた。

二月二二日、正成は千早城に押し寄せた阿曾治時の軍を撃退した（「楠木合戦注文」）。阿曾軍の将兵が千早城の一、二、三の木戸を破り四の木戸まで迫るほどの奮戦をみせたものの、正成軍の猛攻には敵わなかった。この間正成は、幕府軍が金剛寺へと乱入し城郭を構えようとしたという情報に接し、同寺に対して幕府軍の排除と護良親王からの祈祷命令を伝えている（「金剛寺文書」）。どれだけ戦況が激しくなろうとも、正成が護良親王と周辺寺院との連携を維持していたことがうかがえよう。

幕府は二七日に再び千早城一帯への総攻撃を仕掛けた。幕府軍は正成が周囲に構築した城を次々と落として、三、四ヶ所を残すだけとなった。このうち、平野将監入道が守備する大手本城の上赤坂城が落城した。平野将監入道以下三十人余りが投降し、うち八人は逃亡、生け捕られる者、自害する者があった（「楠木合戦注文」）。

千早城地形図

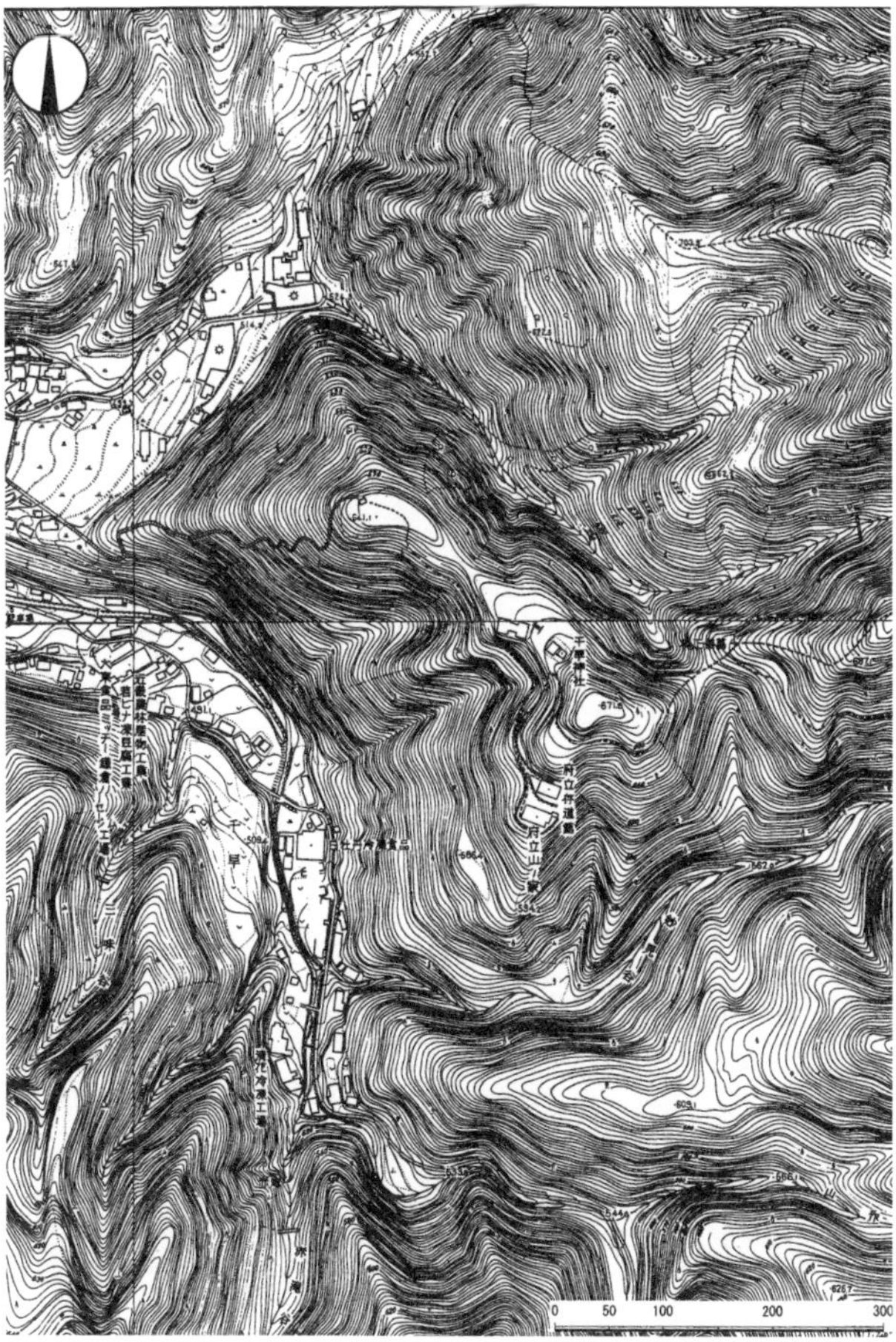

史実の平野将監入道は、幕府に投降したあとどのような運命をたどったのかはわからない。一方、『太平記』では、水が断たれた状態で幕府軍に包囲されたことで追い詰められた城兵たちが討ち死にしようとするのを平野将監入道が諌め、いったん幕府に降参すれば殺されることはないだろうから生

き長らえて、再び幕府に対抗するよう説得する。その言葉に応じた城兵は平野将監入道とともに投降したが、六波羅へと送られたのち、見せしめとして殺害されてしまう（『太平記』第六巻）。こののち、鎌倉幕府が滅亡しても平野将監入道の活動がみえないことは、実際に処刑されてしまったことを物語っていよう。

こうして正成の同志とも呼ぶべき平野将監入道の退場に続いて、閏二月一日には護良親王の籠もる吉野城が陥落し、護良は紀伊へと落ちていった。上赤坂城と吉野城を落とした幕府軍は千早城を包囲する本体に合流し、激しい攻撃を仕掛けた。

だが、それでも千早城は落ちなかった。正成軍による必死の抵抗が続けられたからである。『太平記』には、正成が元弘元年（一三三一）九月の下赤坂城籠城戦と同じように、城へと取り付く敵兵への投石や敵軍の旗の奪取とそれを使った挑発、わらで作った人形による城中からの総攻撃を装ったりと、様々な戦法・奇策を駆使して幕府軍を翻弄《ほんろう》する様子が描かれる（『太平記』第七巻）。

実際、幕府軍は千早城攻撃の際、正成軍の石礫《いしつぶて》による攻撃で手負いの者のみならず、死者を出すほどの被害を受けており（「楠木合戦注文」）、『太平記』にみえる種々の奇策もあながち全てが創作だったというわけではなさそうだ。

そんな正成に手こずる幕府軍を嘲笑した「楠の木の」ではじまる歌が、誰とは知れず詠まれたのはちょうどこの頃のことである（『後光明照院関白記』正慶二年閏二月一日条）。正成の素性を知る当時の人にとって鎌倉幕府がその構成員であるはずの正成を必死に討とうとして果たせずにいることは、はなはだ滑稽《こっけい》に思えたのではないだろうか。

しかし、当事者たちにしてみれば飼い犬に手を噛まれたようなものであり、面子にかけてなんとしてでも正成を討たねばならなかったであろう。閏二月一五日には、鎌倉では北条高時の屋敷で護良親王と正成を対象とした冥道供《みょうどうく》という密教修法が行われている（『門葉記』）。ただし、鎌倉においてこうした修法はすでに何度も行われていたようであり、それでも効果が全くないことから、いよいよ幕府滅亡の時期が来るのかと、今回の修法に関わった僧がつぶやいている。その不安が現実となる出来事が西国で起こっていた。

3-7　後醍醐天皇の隠岐脱出

閏二月二四日、後醍醐天皇が隠岐から脱出した。天皇は隠岐の対岸の伯耆国《ほうきのくに》に逃れると、その地の武士名和長年《なわながとし》に迎えられ、船上山《せんじょうさん》（鳥取県東伯郡琴浦町）で再び幕府に対して兵を挙げ、諸国に倒幕の綸旨《りんじ》（天皇の命令を伝える文書）を発したのである。後醍醐天皇の再起は各地で反幕府の気運を勢い付かせることになった。

その一方で、千早城を包囲する兵たちの間には、厭戦《えんせん》の気分が漂いはじめていた。『太平記』には戦の手を止める者、陣中に遊女を呼び寄せる者、双六がもとで口論となり殺し合う者など幕府軍の中で軍規の緩みが蔓延し、関東から戦闘の継続が厳命される場面が記される（『太平記』第七巻）。

そうした状況にあったためか、三月五日に数度目の千早城への総攻撃を仕掛けた幕府軍は、またもや正成に敗れて多くの犠牲を出した（『後光明照院関白記』、「熊谷家文書」）。例によって『太平記』の描写をみておこう。

正成は城内への突入を試みた幕府軍に対して油を用いた火攻めによって撃退する。また、城外では護良親王の命令を受けた吉野・十津川等の野伏が幕府軍の補給路を断ったことで食料が尽き、戦場から逃げ出す兵や野伏に襲われて家宝の鎧や刀を奪われた者がいたという（『太平記』第七巻）。

この後も幕府軍による千早城攻めは続いており、三月一二日には正成が一〇日に討たれたといううわさが京都に届けられたが、一四日には否定されている（『後光明照院関白記』）。あまりにも戦闘が長くなりすぎて、もはや何が正しい情報なのか混乱を来していたのだろう。

戦闘は四月まで続けられたが、ついに幕府軍から離反する者も現れた。というのも、千早城を包囲する将兵のもとには、吉野から逃れて山岳地帯に潜伏していた護良親王が発給した倒幕の令旨《りょうじ》（親王などの皇族が出す文書）が届けられていたのである。包囲網に加わっていた和泉の御家人和田助家は、四月三日に令旨を受けとっており、令旨の内容に従って幕府から離反した（「和田文書」）。

護良親王の令旨を受けとった武士の中には、鎌倉幕府と北条高時以下、北条一門を滅ぼす新田義貞も含まれていた。『太平記』によると、千早城攻めの陣中にいた義貞は、本国の上野《こうずけ》国に戻って後醍醐天皇のために挙兵する決意を固めて、護良親王の倒幕の令旨を尋ね求める。そして、令旨を得ることに成功すると、仮病を装って陣を引き払い上野へと帰っていったという（『太平記』第七巻）。

幕府はすでに軍勢を統制する力を失っていた。伯耆の後醍醐天皇を逮捕するため再び京都に派遣されていた足利尊氏は、京都を出発すると突如丹波の篠村八幡宮（京都府亀岡市）で軍勢を引き返して五月七日に六波羅探題を攻撃した。六波羅の責任者であった北条仲時《なかとき》は光厳天皇・後伏見上皇・花園上皇らを伴い関東へ逃れようと近江国番場の蓮華寺（滋賀県米原市）まで来たところ、野伏たちに追

寄手塚

身方塚

い詰められ四三二名の一族・将兵とともに自害した。ここに六波羅探題は滅亡した。六波羅は鎌倉幕府の出先機関であったが、実質的には京都の幕府であり、それが潰れたことは畿内一帯から幕府の影響力が消滅したことを意味する。

その報せは千早城の正成らと城を包囲する幕府軍にも届けられた。千早城内が喜びに溢れていたのに対して、寄手《よせて》の幕府軍は次は自分たちの番だとばかりに恐れをなし、撤退を余儀なくされて南都（奈良）へと落ちていった（『太平記』第九巻）。

五月二二日、河内から関東へと戻り幕府に反旗を翻した新田義貞の攻撃により、鎌倉幕府は滅亡した。北条高時ら、北条一門と家臣ら千人余りが自害して、二五〇年続いた幕府の歴史は幕を閉じた。

ここに、およそ五ヶ月にわたって続いた楠木合戦は終結した。正成たちの勝利である。元弘元年（一三三一）九月の挙兵から数えれば二年以上に及ぶ長い戦いであった。それは正成一人の戦略・知謀で勝てたわけではない。近隣の武士・寺社のみならず、千早・赤坂一帯の民衆たちが、幕府の大軍に蹂躙《じゅうりん》されながらも正成の抵抗に協力したから勝てたのである。この後、千早・赤坂一帯は南北朝時代を通して何度も幕府軍に攻め込まれることになる。その都度、当地に籠もる楠木一族は今回のように激しい抵抗を続けるのだが、それを実現できたのもやはり楠木合戦と同じく、周辺地域の住民と楠木一族とが強固に一体となっていたことを示していよう。

現在、千早赤阪村の森屋地区の共同墓地に、「寄手塚《よせてづか》・身方塚《みかたづか》」と呼ばれる二基の五輪塔《ごりんとう》がある。これは元弘元年九月以来の合戦で戦死した敵（寄手）と味方（身方）の供養のために正成が建てたと伝えられるものである。地元では敵を「寄手」と呼び、身方塚よりも敵方を供養した寄手塚の方が大きいことから、正成の人となりが偲ばれるものとされている。そうした伝承が語られるほど、正成は千早・赤坂の人々にとって近しい存在だったのである。

4　建武の新政と正成

4-1　後醍醐天皇の帰京

元弘《げんこう》三年（一三三三）六月、鎌倉幕府の滅亡により伯耆国の船上山《せんじょうさん》から京都へと帰った後醍醐天皇は、幕府を廃して自らを頂点とした天皇親政の政治体制、すなわち建武の新政（建武政権）を開始した。まずはじめに天皇が手を着けたのは、自分が隠岐へ流される以前の状態に全てを戻すことであった。「正慶《しょうきょう》」と改元された元号を「元弘」に戻し、光厳天皇のもとで進められた人事も全て無効とした。

その一方で、今回の合戦で功績のあった者を多く取り立てた。正成もその一人である。『太平記』は、正成が伯耆から播磨の書写山を経て兵庫に入った後醍醐天皇のもとに参上し、京都まで天皇を警固したとするが（『太平記』第十一巻）、史実では幕府滅亡後も金剛山に留まっており、天皇から呼び出されて初めて上洛したようである（「光明寺残篇」）。

4-2　正成への恩賞

建武の新政では、後醍醐天皇が天皇親政を推し進め、武士よりも公家を優遇したために武士たちの不満が高まったと説明されるが、実際はそうではない。一連の倒幕戦争で功績のあった武士たちは破

左衛門尉 正成 花押（天野山金剛寺蔵）

格ともいえる恩賞を与えられていたのである。

例えば、足利尊氏は武蔵・常陸・下総、尊氏の弟の直義《ただよし》は遠江、新田義貞は上野・播磨、名和長年は因幡・伯耆、そして正成は摂津・河内といった国々を与えられた（『太平記』第十二巻）。

後醍醐天皇は、古代以来の地方行政官である国司《こくし》と、鎌倉幕府の役職であり諸国の軍事・治安維持を担った守護《しゅご》の両方を設置した。正成たちに与えられた国々もそれら国司と守護を兼ねたものだったと考えられる。そもそも武士が国司に任じられること自体がまれなことなのに、国司になれる身分ではない正成が二ヶ国も与えられることなど、まずあり得ないことだった。

この点をもう少し説明しておこう。中世の身分制度においては、官位がその序列を決定しており、五位以上の官位を持つ者が貴族として認められた。正成は本来、兵衛尉《ひょうえのじょう》・左衛門尉《さえもんのじょう》という官職を持つ六位相当の身分であり、建武元年（一三三四）二月に従五位下に叙される。つまり、貴族の身分に到達したわけである。武士が貴族になるということに戸惑う人もいるかもしれないが、貴族の身分になったからといって武士を辞めるわけではない。そもそも武士とは武芸を生業《なりわい》とする職業であり、源頼朝やのちの織田信長も高い官位・官職に就いていたことを思い出してもらいたい。

ともあれ、正成は六位程度の官位・官職しかもらえず、昇進してもようやく五位に到達できる「侍」という身分であった。「侍」も一般的には武士を指す言葉として理解されているが、本来は武士だけに限らず、文筆仕事に従事する役人など（文士という）を含み、上位の貴族に仕える身分であった。

それに対して足利尊氏は、鎌倉幕府滅亡前までは従五位上の官位であり、建武の新政下では従四位下・左兵衛督に昇り、のちには従二位・参議にまで至る。尊氏のように五位から四位に昇進できる身分を「諸大夫《しょたいふ》」といい、正成たち「侍」の上位に位置した。諸大夫身分は国司に就任できるが、侍身分は滅多になれないというように、両者の間には大きな身分の差があった。

それにもかかわらず、正成が尊氏と同じように摂津・河内の二ヶ国を与えられたというのは、異例中の異例だったのである。それは従四位下・左衛門尉に任じられ、因幡・伯耆を得た名和長年も同様であった。ちなみにかつて放映された大河ドラマ「太平記」では、尊氏と正成が対等に会話を交わす場面があった。しかし、実際に両者が交わることは身分の差からいってもなかったであろう。

このように正成は、鎌倉時代では何一つ得られなかったであろう身分の上昇に加えて、諸国の所領も恩賞として与えられていた。現在わかっている限りでは、河内国の新開荘《しんかいのしょう》（大阪市中央・東成区・東大阪市。「東寺百合文書」）、摂津国の昆陽寺荘《こやでらのしょう》東方（兵庫県伊丹市。「西明寺文書」。のちに土佐国の安芸荘と交換）、同山本荘賀茂村内成安名《やまもとのしょうかもむらないなりやすみょう》（同宝塚市。「成簣堂文庫大乗院文書」）、同大島荘（同尼崎市。「伏見宮家文書」）、出羽国《でわ》の屋代荘《やしろ》（山形県米沢市。「由良文書」）、常陸国の瓜連《うりづら》（茨城県瓜連町。「密蔵院蔵古文書」「薬王院文書」）の六ヶ所が確実なところである。

常陸の瓜連や出羽の屋代荘のような畿内から遠く離れたところには、正成の一族が代官として派遣されていたことが知られる（瓜連には正成の一族の楠木正家《まさいえ》が入部していた）。正成自身がそれらの所領に赴くことはなかったであろうが、正成のいわば「政界進出」をきっかけとしてそれまで千早・赤坂一帯の活動に留まっていた楠木一族は、列島の各地に進出する機会を得たのである。

4-3 建武政権における正成の位置

次に正成が建武の新政（以下、建武政権と呼称する）においてどのような役割を果たしたのかみておきたい。

後醍醐天皇は、建武政権を運営する上で、いくつもの新たな役所を設けており、特に雑訴決断所《ざっそけつだんしょ》（所領問題の訴訟を扱う機関）・記録所《きろくじょ》（朝廷の重要案件を裁決するための機関）・窪所《くぼどころ》（職掌は未詳。朝廷の要所を警備する機関とも）・恩賞方《おんしょうがた》（所領・諸職を褒美として与えるための審理・事務を担う機関）・武者所《むしゃどころ》（京都の警固を主務とした機関）の五つをその柱とした。このうち正成は、窪所以外の職員を勤めていた。これらの職務の中で、正成の具体的なはたらきがみえるのは、雑訴決断所におけるそれである。

正成の雑訴決断所職員としての活動は、建武二年（一三三五）六月一日の、東寺領山城国葛原荘《くずはら》の相論に関する評定《ひょうじょう》（裁決をするための会議）に加わっていること（「東寺百合文書」）や、同年九月五日に雑訴決断所が和泉国衙《こくが》（国司が政務に当たった役所のこと）に対して、湯浅（木本《きもと》）宗元《むねもと》に同国熊取荘《くまとり》（大阪府熊取町）の地頭職を与えるよう命じた牒《ちょう》（朝廷が用いた古文書の様式の一種。上下関係のない役所の間でとりかわす文書）に署判していること（「師守記」紙背文書）が知られる。

こうした職務は、武者所のような武士が担うにふさわしいもの以外、いわゆるデスクワークが中心であり、朝廷でも伝統的に様々な事務仕事に長《た》けた役人（官人《かんじん》）たちによって担われることで円滑に運営されていた。したがって、武芸を職務としてきた正成がどれほど裁判の審理や事務を遂行できたのかはわからない。それでも後醍醐がこうした政権中枢のポストに正成を抜擢したのは、正成を重用していたことの裏返しなのである。

なお、国司・守護としての正成のはたらきについては、もう少し具体的な様相を追うことができる。例えば、摂津では元弘三年（一三三三）九月に摂津国の多田院（兵庫県川西市）に対して殺生禁断の命令を伝達したり（「多田神社文書」）、元弘三年から翌年にかけては摂津・河内の聖跡《せいせき》（神仏の霊地）を造営する計画をたてている（「西明寺文書」）。河内では、「河内守橘朝臣正成」を名乗っており（「法華経奥書」）、建武二年（一三三五）八月には雑訴決断所からの河内の法明寺の八幡弥勒寺への濫妨禁止命令を国司として伝えていることが知られる（「田中文書」）。

事例としては少ないが、正成の摂津・河内の統治はそれなりに順調になされていたと推測される。なぜなら、そもそも後醍醐天皇が正成に両国を与えたのも、正成の影響力を考慮してのものだったと考えられるからである。河内はいうまでもなく正成の本拠地であり、千早・赤坂一帯の南河内は父祖以来の影響力が強く、正成のそれが国中に作用していたことも元弘元年九月以降の対幕府戦争で証明されている。

また、摂津国は、渡辺氏や平野氏、切氏といった倒幕戦争において正成の傘下に属した勢力が多く存在しており、河内と同様に正成の影響力による円滑な支配が期待されたのであろう。ちなみに、正成は和泉国の守護にも任じられており、摂津・河内・和泉の三ヶ国は畿内の中でも南北朝時代を通して、濃淡はあれど楠木一族の影響を強く受ける地域として特殊な歴史を歩むことになる。

以上のように、正成は後醍醐天皇の抜擢により、以前とは比較にならないほど多面的な活動を担うようになった。それは正成と同様に取り立てられた名和長年らも同じであった。しかし、そうした新参者の政権ポスト中枢への登用や、彼らを優遇するような恩賞政策は、従来の秩序を破壊するものとして受けとられ、天皇に対する非難の声が高まることになった。

とりわけ、正成や長年、播磨国で挙兵して倒幕の功績があった赤松円心《えんしん》（則村《のりむら》）らは、後醍醐天皇に取り立てられた新興の武士であり、彼らは天皇の恩を笠に着て傍若無人であったと評されている（『梅松論』上）。実際に正成たちが建武政権において傍若無人な振る舞いをしていたかは別にしても、急速に台頭した彼らを快《こころよ》く思わない人間は多かったに違いない。それは政権そのものへの不満として肥大化することに繋がるのである。

5　建武政権の崩壊

5-1　護良親王の失脚

建武政権は発足した当初から多くの不安定な要因を抱えていた。そのうち最も大きかったのは、護良親王の動向である。

正成とともに倒幕に尽力した護良親王は、鎌倉幕府が滅びると後醍醐天皇から武装解除と、元々僧であったことから僧籍に戻るよう命じられたが、それに応じず、大和の信貴山（奈良県生駒郡朝護孫子寺）に立て籠もった。護良が父の命令を聞かなかったのは、六波羅探題を滅ぼした直後から京都で軍勢を束ねて新たな「将軍」のように振る舞う足利尊氏を敵対視していたためである。

護良は父に征夷大将軍《せいいたいしょうぐん》の地位と尊氏討伐の許可を願ったが、前者については認められたものの、後者は却下された。それでも父の対応に満足して元弘三年（一三三三）六月には信貴山を下り、入京を果たした。しかし、尊氏に対する敵対心が収まることはなかった。

護良は正成らを自分のもとに引き入れて一緒に尊氏を討つ計画を進めていたが、東国武士などの多くが尊氏に味方する状況が生まれていたことでそれを果たせずにいた（『梅松論』上、『保暦間記』）。

確かに正成は、元弘元年（一三三一）九月の下赤坂城での籠城戦以来、護良親王とは親密な関係に

飯盛城

あった。だが、幕府滅亡後は両者の間に距離があったようにもみえる。というのも、『太平記』は護良が尊氏を暗殺するための習練として、配下の者たちに夜な夜な京中や白河で僧尼や女性・子どもを狙った辻斬りを行わせていたという逸話を載せる（『太平記』第十二巻）。それがどこまで事実かはわからないが、正成は、鎌倉幕府打倒のためにともに戦った護良が尊氏への憎悪を募らせ破滅への道を歩んでいることに、危惧を抱いていたとしても不思議ではない。

正成の不安は現実のものとなり、建武元年（一三三四）一〇月二二日、護良は謀反の嫌疑で武者所に拘束され、一一月には関東へと護送されて、鎌倉の二階堂薬師堂谷《にかいどうやくしどうがやつ》の土牢《どろう》に幽閉された。

護良親王が逮捕された同時期、正成は紀伊国の飯盛城《いいもりじょう》（和歌山県紀の川市）で蜂起した故北条高時一族の佐々目顕法《ささめけんぽう》・六十谷定尚《むそたさだひさ》らの鎮圧に当たっていた。正成が紀伊へと派遣されたのは、護良と親密な関係にあった正成が護良の身柄を奪還することを警戒してのものと捉える見方もあるが、反乱等が起こった国に隣接する国司や守護がその鎮圧にあたるのは古くからの方針であり、河内国司・守護の正成が隣国の紀伊へ出兵するのは当然のことであった。むしろ、護良との距離を取っていた正成にしてみれば、中央政界のごたごたに巻き込まれるよりはずっとましな任務であっただろう。

5-2 相次ぐ反乱

建武元年から翌年にかけては、紀伊に限らず日本列島各地で北条氏残党・与党による反乱が起こっていた。そのうち正成が対処に当たったのは、建武二年（一三三五）四月に京都の毘沙門堂に立て籠もった高時一族の高安の討伐である。どうやら一連の反乱は、一つの大きな目的のためであったらしい。

建武二年六月二六日、権大納言《ごんのだいなごん》西園寺公宗《さいおんじきんむね》は後醍醐天皇暗殺の計画を企てた罪で武者所の正成と高師直《こうのもろなお》（足利尊氏の執事）によって逮捕された（『匡遠記』）。公宗は鎌倉時代に幕府と朝廷との連絡を橋渡しする重要な役割（関東申次《かんとうもうしつぎ》）を担った西園寺家の生まれであった。

西園寺家は幕府に近かったこともあり、公宗は北条高時の弟の泰家《やすいえ》を匿っていたのである。その目的は、泰家と高時の遺児の時行《ときゆき》らと京都・関東・北陸で反建武政権の兵を挙げ、持明院統の後伏見上皇を即位させ、建武政権を転覆し幕府を再興することであった。そのため後醍醐の暗殺を計画したのである。公宗がクーデターに積極的に加担したのは、鎌倉幕府の滅亡によって関東申次の地位を失った自身の復権を願ったからである。しかし、弟の公重《きんしげ》の密告によって露顕し公宗は捕まったという次第である。

後醍醐の暗殺と列島全土での挙兵という大規模な反乱は未然に防がれた。ところが、七月に信濃で北条時行が挙兵した。時行の軍勢は瞬く間に鎌倉を占領した（中先代の乱）。当時、鎌倉には建武政権が関東一帯を統治するために設置した鎌倉将軍府が置かれており、ここには後醍醐天皇の皇子の成良《なりよし》親王と足利尊氏の弟の直義が詰めていた。

直義は信濃から上野・武蔵を経て迫り来る時行軍を迎撃するべく出撃したもののあえなく敗れ、三河国まで落ち延びた。ちなみに、直義は鎌倉から出撃する際、前年来、身柄を拘束していた護良親王を、誰かに担がれるのを防ぐために殺害している。

関東の状況が京都に伝えられると、尊氏は鎌倉への下向と時行の討伐許可、そして自身の征夷大将軍の任命を後醍醐天皇に求めた。しかし、いずれも許されることはなかったため、八月に無断で京都を出発し、三河の直義と合流して鎌倉に入り、時行から鎌倉を奪い返した。

後醍醐天皇は尊氏に対して直ちに京都へ戻るよう命令を下したが、尊氏は応じなかった。鎌倉での尊氏はともに戦った武士たちに独断で恩賞を与えたりしていたため、天皇はそれを謀反と認定し、尊氏を追討するべく新田義貞を鎌倉に向かわせた。

建武二年一二月、尊氏は箱根・竹ノ下の戦いで義貞を破ると、その勢いで上洛を開始した。正成と尊氏との対決の時が迫っていた。

5-3　京都攻防戦

京都へと迫った足利尊氏は、瀬田・宇治・淀の大渡の三ヶ所に軍勢を展開した。後醍醐天皇は、尊氏軍の入京に備えて、千種忠顕《ちぐさただあき》・結城親光《ゆうきちかみつ》・名和長年を瀬田に、新田義貞を淀に、楠木正成を宇治にそれぞれ向かわせた。

正成は、大和・河内・和泉・紀伊の軍勢五千余騎を率い、尊氏軍に宇治川を渡らせないように、橋板を外して、川の中に大石を積み上げたり、川の中洲の島々を焼き払ったりと対策を講じたという（『太平記』第十四巻）。

年が明けた建武三年（一三三六）正月七日、正成は畠山高国《はたけやまたかくに》の軍勢と合戦に及んだ（「天野文書」）。八日には近江にいた尊氏が八幡へと進み、一〇日に西国からやってきた赤松円心・細川定禅《じょうぜん》の軍勢が大渡の義貞の陣に迫ると、義貞は大渡を棄てて京都へと退却した。

後醍醐天皇は、尊氏軍の入京が迫るに及んで比叡山へと逃れた。こうして京都は尊氏軍によって占拠されることになったのである。

5-4　京都での正成の屋敷

尊氏軍が入京した際、後醍醐天皇の内裏であった二条富小路殿《にじょうとみのこうじどの》とその付近にあった公卿・殿上人の邸宅が焼失した。数ある『太平記』の諸本によっては、内裏が敵にふみにじられるよりはと考えた名和長年が焼いたというものがあれば、入京した中国・四国の兵によって焼かれたというものもある。

内裏とその一帯が燃えた際、結城親光・長年、そして正成の屋敷も灰燼に帰したという（『梅松論』上）。結城親光と長年、正成の三人は千種忠顕とあわせて三木一草《さんぼくいっそう》と呼ばれた後醍醐天皇の側近中の側近である。彼らの屋敷も内裏の近くにあったということは、建武政権の発足以降、彼らは日常的に後醍醐天皇に仕える立場にあったことを示している。

京都の正成の屋敷がどれほどの規模でどこにあったのか、またそれは鎌倉時代に構えていたかもしれない屋敷とは異なるものだったのか一切わからない。ただ、正成の想像を逞しくすれば、正成の屋敷には千早・赤坂から連れてきた正成の妻子や、一族もともに生活していたとみてもよいのではないだろうか。しかし、この頃には世情が不安定なこともあって、すでに妻子については河内へと送り返していたとも考えられる。

二条富小路内裏址石碑

5-5　尊氏の都落ち

この後、正成たちは尊氏軍と京都をめぐって一進一退の攻防を繰り広げる。正月二七日には、奥州から西上した北畠顕家の率いる陸奥・出羽の軍勢を加えた官軍が、新田義貞を総大将として京都への総攻撃を仕掛ける。

入京した正成は、紀《ただす》の森一帯で上杉重能《うえすぎしげよし》・畠山国清《くにきよ》・斯波高経《しばたかつね》の軍勢と合戦に及んだ。『太平記』にはこの合戦で、正成が赤坂城や千早城でとったような奇策を用いたことが記される。正成は兵たちに一枚板で作られた軽い楯の端に、留め金と掛け金を付けさせたもの五、六百枚を用意させた。そして、戦闘が始まると、敵が押し寄せたら楯の掛け金を懸けて横に百から二百メートルほどその楯を並べさせて、隙間から矢を射かけさせる。それにより敵が引けば、留め金を解除し騎馬武者を出撃させて攻撃する、という戦法をとった。この戦法で、八百騎余りの正成の軍勢は、五万騎ほどの上杉・畠山の軍勢を追い払ったという（『太平記』第十五巻）。

もちろん、敵軍の数に誇張はあろうが、あながち荒唐無稽な戦法だったとは思えない。というのも、前述したように中世の城郭には、敵の進軍経路に対して道路に堀を掘り、その後ろに逆茂木《さかもぎ》と楯を横に並べてバリケードを作ったものもあった。正成が兵に持たせせた楯で作らせたバリケードは、まさに移動する簡易型の城郭だったといえ、実際に行われた戦法だったとしても不思議ではないのである。また、たとえ『太平記』の創作であったとしても、正成が赤坂城・千早城という山間部での戦闘から初めての市街戦を行ったという点に注目して、正成ならば街中という狭い空間でも、右のような奇抜な戦法をとることができるというイメージがはたらいていたとも考えられよう。

尊氏軍は正成や顕家・義貞の猛攻により京都から撤兵せざるを得なくなった。このとき、『太平記』はまたもや正成が考案した奇策によって尊氏軍にさらなる損害を与えたことを記す。それは正成・義貞・顕家がこの合戦で討ち死にしたふりをして、京都から官軍を撤兵させ、逃げる官軍を尊氏軍に追撃させるように再び京都へと誘い出し、その隙に手薄になった尊氏軍の本体を襲撃して京都から追い出すというものであった（『太平記』第十五巻）。『太平記』において正成が死んだふりをしたと記されるのは、元弘元年（一三三一）の赤坂城落城の場面に続いてこれで二度目である。

ともあれ、正月三〇日に官軍と尊氏軍との間で再び合戦が行われ、破れた尊氏軍は京都から丹波・播磨を経て兵庫へと逃れた。

二月一〇日、正成は再び入京しようとする尊氏軍を摂津国の西宮浜《にしのみやはま》で撃破した。そのまま尊氏を追い詰めてとどめを刺すことができたかもしれないのに、夜になって帰京した（『梅松論』下）。『梅松論』は、撤退した正成について「いかがおもひけむ」（何を思ったのか）と記しており、正成の行動は誰の目にも不思議に思われたようだ。

正成の追撃を免れた尊氏たちは、一二日に兵庫から九州へと敗走した。

では、なぜ正成は討てるはずの尊氏を追い詰めず見逃したのか。「武士の情け」という言葉があるが、そうした単純なものではなく、正成にはある思惑があった。だが、その思惑を実現するには越えねばならない壁があった。正成に最期の時が迫っていた。

6 正成の最期

6-1 正成の諫言《かんげん》

建武三年（一三三六）二月、足利尊氏・直義兄弟が九州へ落ち延《の》びたという報せが届けられると、後醍醐天皇をはじめ公卿たちはみな喜び勇んだ。一九日には、元号が「建武」から「延元《えんげん》」へと改元された。このタイミングでの改元は、明らかに後醍醐と尊氏との戦争に終止符が打たれたことを寿《ことほ》ぐものであった。

誰もが、九州へ落ち延びた尊氏たちが再起することなどあり得ないと楽観視する中、正成は一人状況を冷静にみていた。

正成は後醍醐天皇にある提案をする。それは、新田義貞を討ち、九州の尊氏を京都へと呼び戻して和睦することであった。さらにその際の使者は自分がつとめるとも付け加えた（『梅松論』下）。

後醍醐天皇ならびに建武政権の首脳陣にとって、後醍醐に公然と謀反を起こした尊氏との和睦など到底あり得ない。それゆえ、この提案は一笑に付されたのだが、正成はさらに衝撃的な言葉を続ける。

「帝が鎌倉幕府を倒せたのは、尊氏の功績のおかげです。義貞は鎌倉幕府を落としたとはいえ、武士たちは義貞ではなく、誰もがみな尊氏に従いました。しかもこのたび、帝に味方していた京都の武士たちでさえ、尊氏に勝利したはずの天皇を見限り、尊氏の九州下向についていってしまいました。この現状を見て、ご自身の徳のなさを思い知ってください」（『梅松論』下。現代語訳は筆者。以下同）という、極めて厳しい言葉であった。

また、尊氏・直義は必ず西国を平定して三月頃には京都へと攻め上ってくるだろうが、そのときは誰も彼らの進撃を止められないこと、どれほど帝たちがあれこれと考えをめぐらそうとも、武略に関しては正成の申すことに間違いはないのだから、よくよくお考えくださるようにと涙を流して訴えたという。

前半の言葉には、西宮浜で尊氏たちを逃した正成の真意が込められている。すなわち、正成は人望を失った後醍醐天皇だけでは建武政権の維持は困難であり、武士たちの人望の厚い尊氏を政権の運営に参画させることこそが重要だと考えていたのである。

正成が尊氏と直接の交流を持たなかったであろうことは前記した。しかし、武者所の同僚であった尊氏の執事の高師直を介してお互い知己を得ていた可能性も指摘されている。たとえ交流がなくとも、正成の尊氏に対する評価は的を射たものであり、尊氏を冷静な目でみていただけでなく、その人となりに共感を覚えていたと考えられる。

そうした冷静な目は、後醍醐天皇にも向けられていた。正成が天皇に提案したという『梅松論』の言葉は、正成が決して妄信的に天皇に従っていたわけではないことを物語っている。

6-2　尊氏の再起

延元元年（建武三、一三三六）四月、正成の予想からひと月ほど遅れたものの、三月に筑前国の多々良浜《たたらはま》（福岡市東区）で後醍醐天皇方の菊池武敏《きくちたけとし》らを破った尊氏・直義兄弟の軍勢が、九州の兵を率いて東上を開始した。尊氏たちの軍事行動は、兵庫から九州へ落ち延びる際、秘密裏に持明院統の光厳上皇と連絡を取り合っていたことで正当化された。

尊氏の再起に焦りを覚えた後醍醐天皇ら政権の首脳陣は、正成を呼び出して兵庫へと向かい先行する新田義貞と協力して尊氏軍を迎撃するよう命じた。それに対して正成は新たな策を提案する。以下、その作戦を詳しく記す『太平記』の記事をみてみよう。

正成は、兵庫の義貞を京都へと呼び戻し、正月の合戦のときのように後醍醐天皇を比叡山へと逃れさせ、自分は河内へと下り畿内の軍勢を集めるという。その上で、尊氏軍が京都に入ったら河尻《かわじり》を封鎖し、比叡山と両方から兵糧攻めにすることで、味方の軍勢が集まったところで一気に殲滅するというものであった。

だが、やはりここでも正成の提案は却下される。正成の提案を後醍醐天皇に取り次いだ坊門清忠《ぼうもんきよただ》は、一年のうちに二度も天皇が比叡山に逃れることなど、天皇の権威に傷が付くこと、さらには、尊氏の大軍をこれまで退けられたのは正成たち武士の武略によるものではなく、天皇の運によるものだと決めつけ、急ぎ兵庫へと下向し尊氏軍と戦えと命じたのである。

そして、清忠の言葉を後醍醐天皇の命令と受け止めた正成は、「このうえは、異論を申すまでもありません。帝に大敵を打ち破る策を立て、勝ち戦に導くというお考えがなく、ただ忠義に厚い武士を大軍にぶつけよと仰るのは、討ち死にせよとのご命令なのですね。義を重んじ、死を恐れぬのは忠臣勇士の望むところです」と答え、その日のうちに、五百騎ほどの手勢で京都を立ち、兵庫へと向かっていったという（以上『太平記』第十六巻）。

この正成の激烈な言葉は、数種類伝わる『太平記』諸本の中で最も古い形態のもの（古態本《こたいぼん》）とされる西源院本《さいげんいんぼん》『太平記』（本稿で用いる岩波文庫本『太平記』の底本《ていほん》）にみえるものであり、一般的に知られている『太平記』（流布本《るふぼん》）にはみえない。

同様の言葉は『梅松論』にもみえている。正成は前記した後醍醐天皇への諫言の後、兵庫へと下向する途中の尼崎から次の言葉を京都へと送ったことが記される（『梅松論』下）。これもやや長文となるが、現代語訳を載せておこう。

今回の帝の戦いは必ず負け戦となります。元弘の頃、帝から勅命を受けて金剛山の城に籠もったとき、私の計略によって河内の国中の勢力を味方につけてその功を遂げることができました。それは皆が帝に志を抱いていたからです。しかし、今度は正成が和泉・河内両国の守護として勅命により軍勢を集めましたが、親類一族は皆、難渋の色を示しました。私の親類一同でさえこうなのに、日本国中の人々はどう思っているでしょうか。天下の誰もがもはや帝に背を向けているのは明らかです。こうなっては私が生きながらえることはもはや無駄なことですので、戦場で討ち死にしてみせます。

と正成は言い切ったという。ここでも正成が最後まで徳を失った後醍醐天皇に勝機はないこと、倒幕戦争では力を尽くした楠木一族でさえ今回は天皇のために戦うことを躊躇《ためら》っていることなど、辛辣な批判を述べたことが理解されよう。

また、正成の討ち死にしてみせるという意味の言葉が、言い回しに違いはあるものの西源院『太平記』と『梅松論』という性格の異なる史料にそれぞれ記されていることは、正成がこうした発言をしたことが事実だったことを示唆している。そして、両書に共通してみられた後醍醐天皇への諫言や最善の作戦の提案が全て却下されるというのは、正成が建武政権において孤立していたことを示してもいる。そうした正成の立場は誰の目にも明らかであったことから、両書には正成の印象的な逸話として克明に記載されることになったのであろう。もし、一人でも正成の理解者が政権内にいたならば、正成の運命はもう少し変わっていたのではないだろうか。唯一、そうした人物がいたとすれば、それは足利尊氏だったのかもしれない。

繰り返すが、正成は後醍醐天皇を妄信する「忠臣」ではなかった。無論、自分を引き立ててくれた天皇に対して恩義は感じていたであろうし、それに見合う忠義を尽くすことも考えていたであろう。だが、これまでみたように正成は冷静かつ現実的な目で後醍醐天皇をみていた。決して天皇のために無駄に命を散らすことなどよしとしていなかったであろうが、不利な戦場に赴くことを命じられ、結果として後醍醐天皇を裏切ることなく戦死したに過ぎない。

その姿が江戸時代以降に「忠臣」として捉えられるようになっただけなのである。それでも、戦前から現在に至るまでそうした捉え方が払拭《ふっしょく》されることはなく、いまだに根強く生き残っているのをご存知の方も多いだろう。しかし、正成には中世における畿内の武士として多様な顔があったのは本稿第一章でもみたとおりであり、現在ではより豊かな正成像を復元する段階に来ているのである。よって、もうそろそろ正成を「忠臣」という呪縛から解放してあげてもよいのではないだろうか。

6-3　桜井の別れの虚実

さて、兵庫へと向かう正成は死を覚悟して、息子の正行と今生の別れをすることはよく知られている。〝桜井の別れ〟として有名なこの逸話は、のちに唱歌の題材としても取り上げられることになる。その典拠は、例の如く『太平記』である。

正成は西国街道を兵庫へと下る途中、摂津国の桜井《さくらい》の宿《しゅく》（大阪府三島郡島本町）で、最後まで同道を望む一一才の嫡男正行に、「今回の合戦で自分が討ち死にすれば、足利尊氏の天下となるだろうが、当座の命を長らえようとして長年の忠節を失うことなく、決して尊氏には降伏する

桜井駅跡「楠公父子訣別之所」石碑

な。一族らと金剛山に引き籠もって命を賭して戦い名を後世に残せ。それこそが父への孝行だ」と遺言を残し、正行を河内へと帰した（『太平記』第十六巻）。

この逸話が『太平記』の創作であったことは、古くから指摘されており、正成が正行と別れた「桜井の宿」（桜井宿）の存在も同時代の史料では確認できない。また、現在の島本町には「桜井の宿」の跡地として国史跡「桜井駅跡（楠木正成伝説地）」があるが、発掘調査によって西国街道の「駅」や「駅家」に相当する遺構は確認されていない。

ちなみに、正行は前記したように京都で父と一緒に暮らしていた可能性があり、建武二年（一三三五）の中先代の乱が起こった頃には河内に返されていたと推測される。

すなわち、「桜井の宿」も『太平記』で作られた架空の宿駅なのであり、やはり〝桜井の別れ〟は創作とみなさざるを得ないのである。『太平記』の作者は、この後正成に死が訪れることを知っていた。だからこそ、息子と別れて死地へと赴く正成の悲哀を描くことで、その運命を暗示しようとしたのであろう。

6-4 湊川合戦

正成は、後醍醐天皇以下、建武政権の首脳陣に対する複雑な思いを抱きながら兵庫へと下った。『太平記』では、正成は新田義貞と合流すると、前年の箱根・竹ノ下の戦いでの敗戦以来、失態続きで弱音を吐く義貞を励まし、英気を取り戻した義貞と酒を酌み交わして一夜を明かす（『太平記』第十六巻）。

尊氏の九州西走後、後醍醐天皇に義貞を討つことを勧めたのとは大違いの対応だが、正成の人としての優しさを描き出そうとした場面として興味深い。

延元元年（一三三六）五月二五日、正成にとって運命の日が訪れた。尊氏軍は海上を尊氏・細川定禅《じょうぜん》勢、陸上の大手（西国街道）は足利直義勢、山手は斯波高経《しばたかつね》勢、海沿いの浜手は少弐頼尚《しょうによりひさ》勢に分けて、正成・義貞たちへと迫った。

義貞は弟の脇屋義助《わきやよしすけ》らと和田岬《わだみさき》（神戸市兵庫区）に陣を取り、正成は一族・郎等らと兵庫を流れる湊川の西に布陣して陸地を進む敵軍に備えた。午前五時頃に尊氏軍の進軍が開始され、海上では細川定禅の船団が義貞の陣の背後に回り込み、午前九時頃に尊氏率いる数千艘の船団が兵庫島へと向かった。陸上では浜手の少弐軍がいち早く和田岬へと攻め寄せ義貞軍を撃破した。逃げる義貞勢は生田の森辺りに上陸した細川定禅軍と遭遇し、ここでも敗れると京都へと落ちていった。

湊川に残された正成たちは大手の直義軍と激しい戦いを繰り広げたが、義貞を負かした細川軍が直義軍に合流したことで圧倒的に不利な状況へと追い込まれる。そして、午後五時頃に正成は弟の正季《まさすえ》（正氏《まさうじ》）ら一族二八人と郎等を合わせた五十人余りとともに、戦場近くの小屋に火をかけて自害した。討ち死にした者は三百人余りに及んだという（『梅松論』下、「諸庄々文書案全」、「和田文書」）。

以上が『梅松論』や古文書などにみえる湊川合戦と正成の最期である。おそらく正成の最期を知る多くの人々は『太平記』の湊川合戦での描かれ方が印象に残っているのではないだろうか。『太平記』も『梅松論』と同じく正成たちの奮戦を描く。そして追い詰められた正成たちは湊川近くの民家に入り、正成が正季に「生まれ変わったら何を望むか」と問い、正季は「七度生まれ変わっても同じ人間に生まれ、朝敵を滅ぼしたい」と答え、お互いの望みが同じことを確認した正成が「すぐに生まれ変わってこの願いを遂げよう」と誓い、正季と手に手を取って刺し違えて絶命する（『太平記』第十六巻）。もちろん、正成が正季とこうしたやり取りを交わしたかどうかは定かではない。

ところで、正成軍には一族の神宮寺《じんぐうじ》正房《まさふさ》や和泉国の八木《やぎ》法《ほう》達《たつ》・岸和田《きしわだ》治氏《はるうじ》といった武士が加わっていた。（「和田文書」）。また、兵の中には千早・赤坂に近い宇礼志荘《うれしのしょう》（大阪府富田林市）の荘官等が加わっていたとも推測されている。

正成は、兵庫へ下向する前に後醍醐天皇に今回の戦いには楠木一族も難色を示していると述べていたが、実際は一族のみならず近在の武士たちまでもが最後まで正成に従っていたのである。こうした楠木合戦以来の正成、ひいては楠木一族が持つ求心力は、足利尊氏及び室町幕府の面々にとって、のちのちまで潜在的な脅威として警戒し続けられることになる。それについては本稿の最後で述べよう。

6-5　正成と尊氏

正成に勝利した尊氏は、自害した正成たちの首を回収して湊川近くの魚御堂《うおみどう》（神戸市兵庫区の阿弥陀寺に礎石だけが伝わる）

魚御堂の礎石が伝わる阿弥陀寺

に五〇町の所領を寄進した上で供養させた（「諸庄々文書案全」）。尊氏が正成の首を丁重に扱ったことは『太平記』にもみえており、史実とは異なるものの京都の六条河原にさらした後、残された正成の妻子たちの気持ちを慮《おもんぱか》って、河内の正行たちのもとに送り届けたとする（『太平記』第十六巻）。正成が尊氏に対して共感を抱いていたように、尊氏も正成に敬意を抱いていたことをうかがわせる逸話といえよう。したがって、正成の人生の最期に敵対せねばならなかった尊氏こそが、皮肉にもやはり正成にとって最大の理解者だったといえるのである。

6-6 南北朝時代の到来

足利尊氏は、湊川合戦に勝利を収めると、そのまま上洛を果たし翌月には京都を占領した。後醍醐天皇は、図《はか》らずも正成が提案した比叡山への逃亡という選択肢をとらねばならなかった。

天皇が不在となった京都では、八月に尊氏が持明院統の豊仁《とよひと》親王（後伏見天皇の第二皇子）を擁立する。のちの光明《こうみょう》天皇である。一一月に

吉野朝宮址石碑

は尊氏と後醍醐天皇との間で和睦が成立し、天皇は三種の神器を光明天皇へ譲渡する。しかし、後醍醐天皇は一二月に大和の吉野へと逃亡し、光明天皇に譲った神器は偽物であり、自分こそが正統な天皇であることを主張する。ここに京都の朝廷（北朝）に対する吉野の朝廷（南朝）が誕生し、およそ六十年にわたる南北朝時代が本格的に始まることになる。

それは、湊川合戦での正成の死からわずか半年足らずの出来事であった。いい換えれば、正成の歴史の表舞台からの退場により南北朝時代は始まったわけである。

こうして千早・赤坂という河内の一地域に生まれた正成は、鎌倉時代の終わり、南北朝時代の始まり、という日本の中世という時代にとっての二つの大きな転換点を生み出したのである。

おわりに

正成の死後、足利尊氏（室町幕府）は千早・赤坂に向けて軍勢を派遣する。それは同所に残る楠木一族と彼らに与《くみ》する一党を殲滅《せんめつ》することが目的であった。幕府軍による攻撃は延元二年（建武四、一三三七）の一〇月頃まで千早・赤坂のみならず南河内・和泉一帯で続けられたが、楠木一族を中核に地域住民を含んでいたであろう南朝軍は、一丸となって抵抗を続けた。

その後、嫡男の正行が正成の死から一一年間の逼塞《ひっそく》を経て正平《しょうへい》二年（貞和《じょうわ》三、一三四七）八月に紀伊で挙兵してから幕府軍に連戦連勝する。正行の進撃により南朝の誰もが後醍醐天皇以来の悲願であった京都奪還が実現すると思われた。しかし、正平三年（貞和四、一三四八）正月、河内国の四条畷における高師直との合戦で正行は戦死する。そして、高師直の兄弟の師泰《もろやす》は再び、千早・赤坂一帯の東条に一年以上に及ぶ総攻撃を仕掛けた。このときは正行死後に、楠木一族の棟梁となった正成三男の正《まさ》儀《のり》が中心となり、正成死後の幕府軍による侵攻のときと同じように、師泰軍に徹底抗戦したのである。

こうした二度にわたる室町幕府の千早・赤坂一帯への総攻撃は、第六章で述べたように、幕府が楠木一族を放置すれば、やがては自分たちの足下を揺るがすことにつながりかねないという強い警戒心からなされたものであった。

それらへの激しい抵抗は楠木正成・正行・正儀父子や楠木一族だけの問題ではなく、彼らに同調した千早・赤坂一帯の地域住民による総意でもあっただろう。逆にいえば、正成及び正成の父祖以来、楠木一族は千早・赤坂一帯の地域社会との円滑な関係を築いていたからこそ、それが可能だったといえるのではないだろうか。

だとすれば、正成のもとで生活を送った地域住民にとって、楠木一族が鎌倉幕府の御家人だろうが、朝廷・幕府や荘園領主に抵抗した「悪党」であろうが、そんなことはどうでもよかったに違いない。現在の千早赤阪村一帯に残された正成にまつわる多くの伝承・伝説は、七百年前から続く当地の住民たちの正成及び楠木一族に対する親近感が背景にあって生まれたものである。そうした点において、正成は、彼が生きていた時代から七百年を経たいまでも、千早赤阪村やその周辺で生きる人々にとって身近な存在であることに違いはないのである。

現代において楠木正成という人物を語るには、実像からかけ離れた戦前のイメージとその弊害《へいがい》を含めていまだに多くの問題が残されている。それゆえ、かつてのような偏ったイメージにとらわれない豊かな正成像の構築が重要であり、その前提となる正成の実像の解明は今後も絶え間なく追究すべき課題である。

楠木正成関係略年表

年	日付	事項
永仁三（一二九五）	正月	これより以前、河内楠入道らが東大寺領播磨国大部荘で濫妨に及ぶ
文保二（一三一八）	二月二六日	後醍醐天皇践祚する
元亨二（一三二二）	八月	楠木正成、執権北条高時の命を受け、紀伊国保田荘司を討ちその旧領を与えられるという
元亨四（一三二四）	九月	後醍醐天皇による鎌倉幕府打倒の計画が露顕する（正中の変）
元弘元（一三三一）	八月	後醍醐天皇、二度目の倒幕計画が露顕し、笠置山へと逃れ籠城する。そこで夢の告げにより楠木正成を笠置に呼び寄せるという
		これより以前、「悪党楠兵衛尉」（正成）が臨川寺領和泉国若松荘を占領したとの風聞がある
	九月一一日	河内国の赤坂城で挙兵する。護良親王・尊良親王も正成の城に籠もる
	九月二八日	笠置山が落城し、後醍醐天皇は脱出するも二日後に捕らえられる
	一〇月一五日	鎌倉幕府、楠木城（赤坂城）へ討伐軍を派遣する
	一〇月二一日	楠木城が落ち、正成脱出する
正慶元・元弘二（一三三二）	一一月	この頃、京都で正成再挙の風聞がたつ
	一二月五日	幕府、再び挙兵した楠木正成・護良親王の追討軍を派遣する
	一二月九日	金剛寺からの祈祷の報告に返礼の書状を出す
	一二月一九日	これより以前、紀伊国隅田荘に押し寄せ隅田党と合戦する
	一二月	赤坂城を幕府方の湯浅成仏から奪い返す

正慶二・元弘三（一三三三）	正月五日	**河内国甲斐荘安満見（天見）で、紀伊国の御家人井上入道・上入道・山井五郎以下五十余人を討ち取る**
		この日、久米田寺に対する官兵の狼藉停止を命じた護良親王の令旨を伝える
	正月一四日	**河内国で河内守護代、丹下・池尻・花田地頭俣野、和泉国守護、同国御家人田代・品川・成田を破る**
	正月一五日	**和泉国御家人陶器左衛門尉・中田地頭・橘上地頭代を破る**
	正月一六日	**幕府軍と堺で合戦する**
	正月一九日	**摂津の四天王寺で六波羅軍と合戦し、渡辺まで追い落とす**
	正月二三日	宇都宮公綱、四天王寺に向かうも正成は千早・赤坂に退却する。公綱の家子ら楠木城へ攻め寄せるも生け捕られる
		この頃、四天王寺で聖徳太子の未来記を披見するという
	正月二五日	鎌倉幕府、この頃、正成の籠もる千早城攻撃のために軍勢催促をする
	二月二〇日	楠木合戦平定のための修法が宮中等で行われる
	二月二二日	鎌倉幕府軍、楠木城（千早城）を攻めるも、敗退する
		この日、金剛寺に寺内への幕府軍の侵入阻止と祈祷を命じる
	二月二七日	鎌倉幕府軍、再び千早城の楠木軍と合戦し、大手本城（上赤坂城）の城主平野将監入道を降す
	閏二月一日	この頃京都で、正成の追討に手こずる幕府軍を揶揄した〝楠の木の根ハかまくらになるものを枝をきりにと何のほるらん〟という歌が詠まれる
	閏二月一五日	楠木合戦平定のため鎌倉の北条高時の邸宅で冥道供が修される
	三月五日	**千早城を攻める幕府軍を撃退する**
	五月七日	足利尊氏、六波羅探題を攻め滅ぼす

	五月一〇日	鎌倉幕府軍、千早城から撤退する
	五月二二日	新田義貞、鎌倉幕府を攻め北条高時らを自害させる（鎌倉幕府の滅亡）
		この頃、正成、金剛山から京都に召還される
	六月二日	伯耆から帰京する後醍醐天皇を兵庫で出迎え警護する
	七月	この頃、後醍醐天皇、楠木正成らに南都に後退した千早城攻めの幕府軍を追討させるという
	八月九日	後醍醐天皇から摂津国榎並上荘西方下司職への濫妨停止を命じられる
	九月二五日	摂津の多田院政所に境内での殺生禁断の命令を伝える
	一〇月二六日	観心寺の不動尊を朝廷に渡すようにとの後醍醐天皇の命令を伝える
		この年、山城西明寺の僧浄宝、楠木正成の所領摂津国崑陽寺荘東方と、土佐国安芸荘を交換する。また、この頃、正成は摂津・河内の聖跡を造営するという
建武元（一三三四）	正月	この頃、護良親王・楠木正成ら後醍醐天皇の密命により、足利尊氏を討とうとするという
	二月	従五位下に叙され、摂津・河内国司に補任される
	四月九日	後醍醐天皇から出羽国屋代荘地頭職を与えられる
	五月一八日	恩賞方三番・記録所寄人に任じられる
	八月	雑訴決断所一番（五畿内担当）の職員に任じられる
	九月五日	紀伊の湯浅宗元の熊取荘地頭職を安堵する雑訴決断所牒に署名する
	九月二二日	後醍醐天皇の石清水八幡宮護国寺供養に供奉する
	九月二四日	後醍醐天皇の東寺塔供養において、南大門の警固を務める
	一〇月	紀伊国飯盛城に籠もる北条氏残党を退治する
	一〇月二二日	護良親王、逮捕される
	一一月一五日	護良親王、鎌倉へ護送される

建武二（一三三五）	三月一七日	**記録所四番の寄人に任じられる**
	四月四日	**北条一族の高安を討伐する**
	六月一日	**雑訴決断所職員として、山城国葛原荘の相論の評定に加わる**
	六月二〇日	**これより以前、建武年中に興福寺領の井水を違乱するという**
	六月二二日	**高師直と謀反が発覚した西園寺公宗らを逮捕する**
	七月一四日	北条時行、信濃国で挙兵する（中先代の乱）
	七月二三日	足利直義、鎌倉で護良親王を殺害する
	八月二日	足利尊氏、北条時行討伐のため勅許を待たずに京を出立する
	八月一四日	**河内国司として八幡弥勒寺領への法明寺雑掌の濫妨停止を命じる**
	八月一九日	足利尊氏、北条時行の反乱を鎮圧して鎌倉に入る
	八月二五日	**法華経一部を書写して某神社に納める**
	一一月一九日	新田義貞、足利尊氏追討のため関東に下向する
	一二月一一日	新田義貞、箱根・竹ノ下の合戦で足利尊氏に敗れる
建武三・延元元（一三三六）	正月七日	**上洛する足利尊氏の軍勢を防ぐため宇治を守る**
	正月九日	大渡・山崎の合戦で新田義貞が細川定禅に敗北。後醍醐天皇は比叡山に逃れる
	正月一〇日	足利軍が入京し、二条富小路内裏及びその一帯の正成、結城親光、名和長年らの屋敷が焼失する
	正月二七日	**北畠顕家らと足利軍を京都から追い払い、撤退する**
	正月三〇日	**計略により足利軍を再び京中に引き入れて追い払う**
	二月一〇日	**足利尊氏と摂津の西宮浜で戦う**
		この頃、後醍醐天皇に足利尊氏との和睦と新田義貞の追討を提案するも却下される

	三月二日	足利尊氏、筑前の多々良浜で菊池武敏らの軍勢を破る
	四月	**武者所の結番が定められ楠木正景と共に一番に任じられる**
	五月	**後醍醐天皇に比叡山への避難と、足利軍を京都に引き入れて義貞と挟撃する作戦を進言するも却下され、兵庫へ下向する。その途中、摂津国桜井の宿で子息正行に遺訓を与え別れるという**
	五月二五日	**摂津国兵庫の湊川合戦で足利尊氏の軍勢に敗れ、弟の正季（正氏）らとともに自害する。足利尊氏、正成の首を湊川近くの魚御堂で供養する**
	六月一四日	足利尊氏、入京する
	八月一五日	光明天皇践祚する
	一一月二日	後醍醐天皇、足利尊氏と和議を結び、三種の神器を光明天皇に渡す
	一一月七日	足利尊氏、建武式目を制定する
	一二月二一日	後醍醐天皇、吉野へと逃れ南朝を樹立する（南北朝分裂）

＊ゴシックは楠木正成が主体となった事績を表す。

[主要参考文献]

網野善彦「楠木正成の実像」『網野善彦著作集　第六巻　転換期としての鎌倉末・南北朝期』岩波書店、二〇〇七年。初出一九八六年
網野善彦「楠木正成に関する一、二の問題」『網野善彦著作集　第六巻　転換期としての鎌倉末・南北朝期』岩波書店、二〇〇七年。初出一九七〇年
新井孝重『楠木正成』吉川弘文館、二〇一一年
今井正之助「『太平記秘伝理尽鈔』と「史料」――楠木正成の出自をめぐって――」『日本歴史』第八六二号、二〇二〇年
生駒孝臣「楠木正成は、本当に〈異端の武士〉だったのか?」呉座勇一編『南朝研究の最前線』朝日新聞出版、二〇二〇年。初刊二〇一六年
生駒孝臣『シリーズ実像に迫る006　楠木正成・正行』戎光祥出版、二〇一七年
筧雅博「得宗政権下の遠駿豆」『静岡県史　通史編2　中世』静岡県、一九九七年
亀田俊和『シリーズ実像に迫る007　征夷大将軍・護良親王』戎光祥出版、二〇一七年
亀田俊和・生駒孝臣編『南北朝武将列伝 南朝編』戎光祥出版、二〇二一年
海津一朗『楠木正成と悪党』筑摩書房、一九九九年
小西瑞恵「悪党楠木正成のネットワーク」『日本中世の民衆・都市・農村』思文閣出版、二〇一七年
坂口太郎「東京大学史料編纂所蔵『五大虚空蔵法記』について」『古文書研究』第七十二号、二〇一一年
佐藤進一『日本の歴史9　南北朝の動乱』中央公論新社、二〇〇五年。初刊一九六五年
林屋辰三郎『南北朝』朝日新聞出版、二〇一七年。初刊一九五七年
兵藤裕己『太平記〈よみ〉の可能性』講談社、二〇〇五年。初刊一九九五年

兵藤裕己校注『太平記（一）～（六）』岩波書店、二〇一四～二〇一六年
藤田精一『楠氏研究』（増訂第四版）積善館、一九三八年
牡丹健一「紀伊国飯盛城合戦の実像」悪党研究会編『南北朝「内乱」』岩田書院、二〇一八年
森茂暁『太平記の群像』ＫＡＤＯＫＡＷＡ、二〇一三年。初刊一九九一年
森茂暁『足利尊氏』ＫＡＤＯＫＡＷＡ、二〇一七年

楠公顕彰と千早赤阪村

尾谷雅比古

はじめに

今更ではないが、楠木正成やその一族の事績は軍記物語『太平記』によって広く世に知られる。この楠公[*1]に対する認識は、明治維新を画期として変質してゆく。

楠公に対する幕末・維新期の民衆のイメージは、「太平記読み」による合戦講釈や『絵本楠公記』などの物語によってつくられた。小さな山城で大軍を相手に知略をつくして戦ったヒーローとして、また、後醍醐天皇に献策して退けられ、「桜井駅」での父子訣別を経て劇的な死を迎える「忠臣」として判官贔屓の民衆に好まれた。また、武士や上層農民層など知識層は、頼山陽『日本外史』や吉田松陰「七生説」などから楠一族の忠誠に感銘を受けた。特に幕末、感化された討幕運動の志士たちは、後醍醐天皇の「建武中興」を理想とし、天皇のために身命をささげた楠木正成やその一族の行動を自分たちと重ね合わせた。

明治新政府が新国家形成を進めるに当たり、国家・天皇に忠誠をつくす国民を作り上げなければならなかった。そのために、死地をくぐり抜けた志士たちは維新官僚となり、自分たちが理想とした「建武中興」[*2]の延長上に明治維新を位置づけた。彼らは「忠臣」楠公の物語を史実として類推し、国民教化のために歴史的な手本として使った。[*3]そして「理想とする国民像」としての楠公とその一族の物語は、

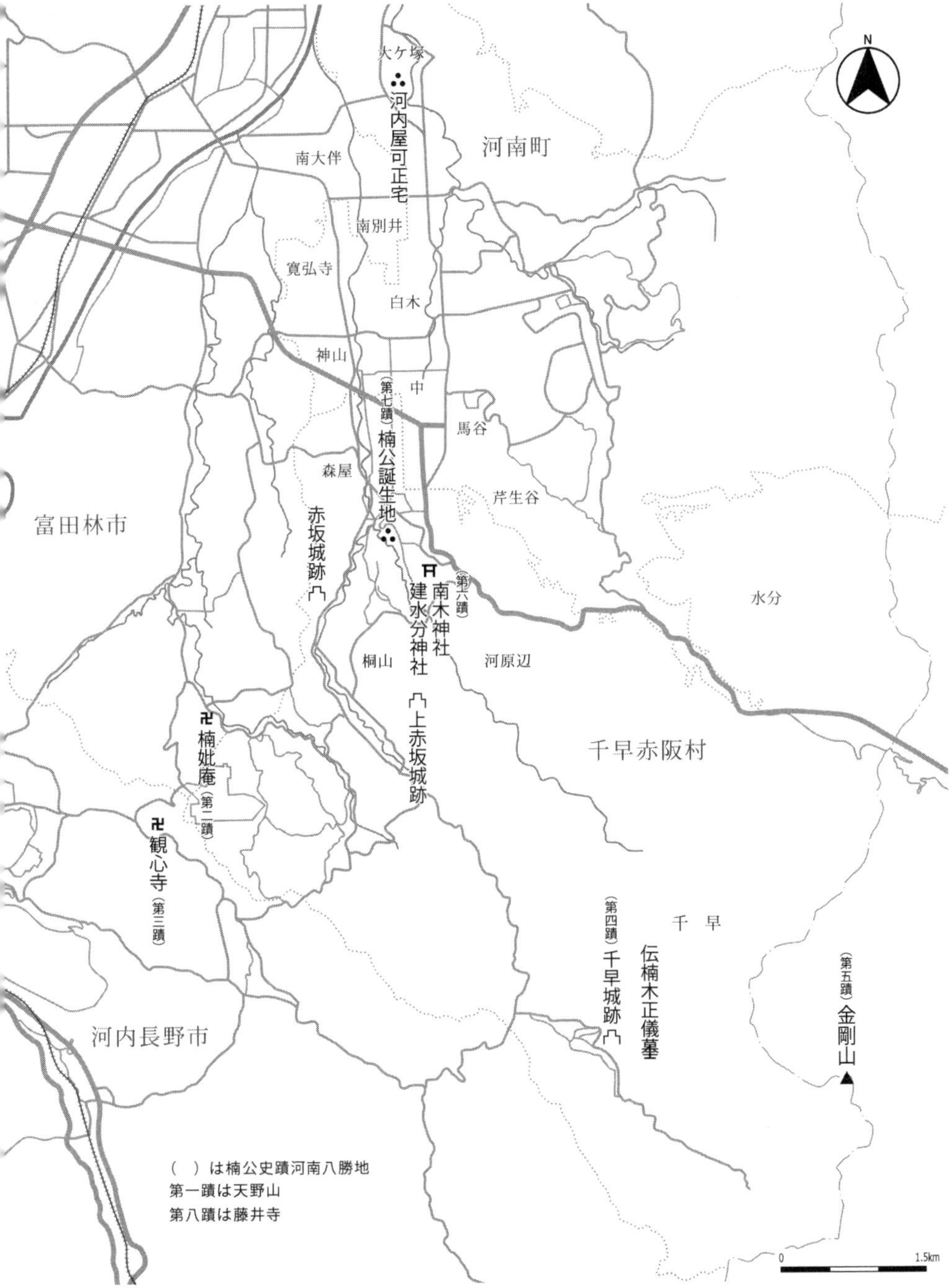
N
大ケ塚
河内屋可正宅
河南町
南大伴
南別井
寛弘寺
白木
神山
中
（第七蹟）楠公誕生地
馬谷
森屋
芹生谷
富田林市
赤坂城跡
（第六蹟）南木神社
建水分神社
水分
桐山
河原辺
上赤坂城跡
千早赤阪村
楠妣庵（第二蹟）
観心寺（第三蹟）
千早
（第四蹟）千早城跡
伝楠木正儀墓
（第五蹟）金剛山
河内長野市
（　）は楠公史蹟河南八勝地
第一蹟は天野山
第八蹟は藤井寺
0
1.5km

楠公関係史跡図

忠孝両全、忠臣から滅私奉公、七生報国へと国家が求める国民像の変化に合わせて教科書などでパラレルに脚色されて歴史となっていった。[*4]

近代において、楠公が国民教化の重要な資源と位置づけられることにより、彼らが活躍したとされる現在の千早赤阪村を含む南河内にある名所旧跡地は、「理想とする国民像」(臣民)を育む聖地(史蹟)として顕彰され喧伝された。このことにより、千早城・赤坂城などの名は誰一人知らぬ人はいなかった。

このような歴史の中で、千早赤阪村を中心として、一般に楠木正成の存在が認知されたのはいつ頃からであろうか。また、地域の人々が自ら顕彰活動を始めたのはいつ頃であろうか。この歴史的経緯を検証する。

1 江戸期の顕彰

1-1 領主石川氏の顕彰

現在の千早赤阪村は、昭和三一年（一九五六）に千早村と赤阪村が合併して誕生した。近世には旧千早村域の東坂村・吉年村・小吹村・中津原村・千早村、旧赤阪村域の水分村・二河原辺村・川野辺村・桐山村・森屋村の計一〇村で構成されていた。この内、東坂村・川野辺村・森屋村を除く七ヶ村は、万治三年（一六六〇）から伊勢神戸藩石川氏の支配を受けていた。それは伊勢神戸藩初代石川総長《ふさなが》が大坂城番となり河内石川郡・古市郡で一万石の加増を受けたからである。また、河内国はこの石川氏の発祥の地であり、父祖の地でもあった。

二代目の総良《ふさよし》は、延宝八年（一六八〇）に現在の千

伝楠木正儀墓

早城跡から金剛山登山道を少し登ったところにある楠木正儀墓と称される五輪塔の周囲に石の柵を巡らし、石灯籠を二基設置して整備している。また、三代目総茂《ふさしげ》は石川氏の藩主の中でも傑出した一人で幕閣の地位は若年寄まで昇進した。そのため享保一七年（一七三二）には加増を受けて常陸下館に国替えとなり、この時、東坂村が支配地に編入された。この総茂の支配地である水分村には、石川郡南部一八ヶ村を氏子地とする式内社の建水分《たけみくまり》神社が鎮座している。境内の本殿裏山に後醍醐天皇宸作と伝えられる楠木正成の木像を祀っている南木《なぎ》明神社があり、総茂が元禄一〇年（一六九七）に現在位置（現在の摂社南木神社）に遷座した。*5 この時、木像を収める厨子も奉納した。奉納した厨子の扉には「南木明神之尊像者添後醍醐天皇之宸作而伝世武将橘朝臣正成之厳態也　忠貞輝古威風振今矣　雖然世変人去無事于祭祠神廟終傾頽也　因此為覆尊像之雨露新令造華厨而奉還宝座者矣　元禄十丁丑載春正月吉辰　従五位下近江守　石川氏源総茂敬白」*6 とある。このように石川総良、総茂は自身の支配地にある楠木氏関係地を整備した。

1-2　貝原益軒『南遊紀行』

元禄二年（一六八九）に貝原益軒が河内・和泉・大和・紀伊を旅して著した『南遊紀行』が正徳三年（一七一三）に発刊されている。その中に、益軒が旅をして二〇日目に大和から金剛山に登り山頂の宿坊で一泊し、翌二一日目の行程で千早、観心寺、龍泉寺、上赤坂、下赤坂、水分村を巡っている。その見聞の記述は楠木正成に関係することが中心である。金剛山から河内側に下山するときも、千早城跡を見るために建水分神社に下りる本道をはずし千早村の方に下りている。この途中にある現在の

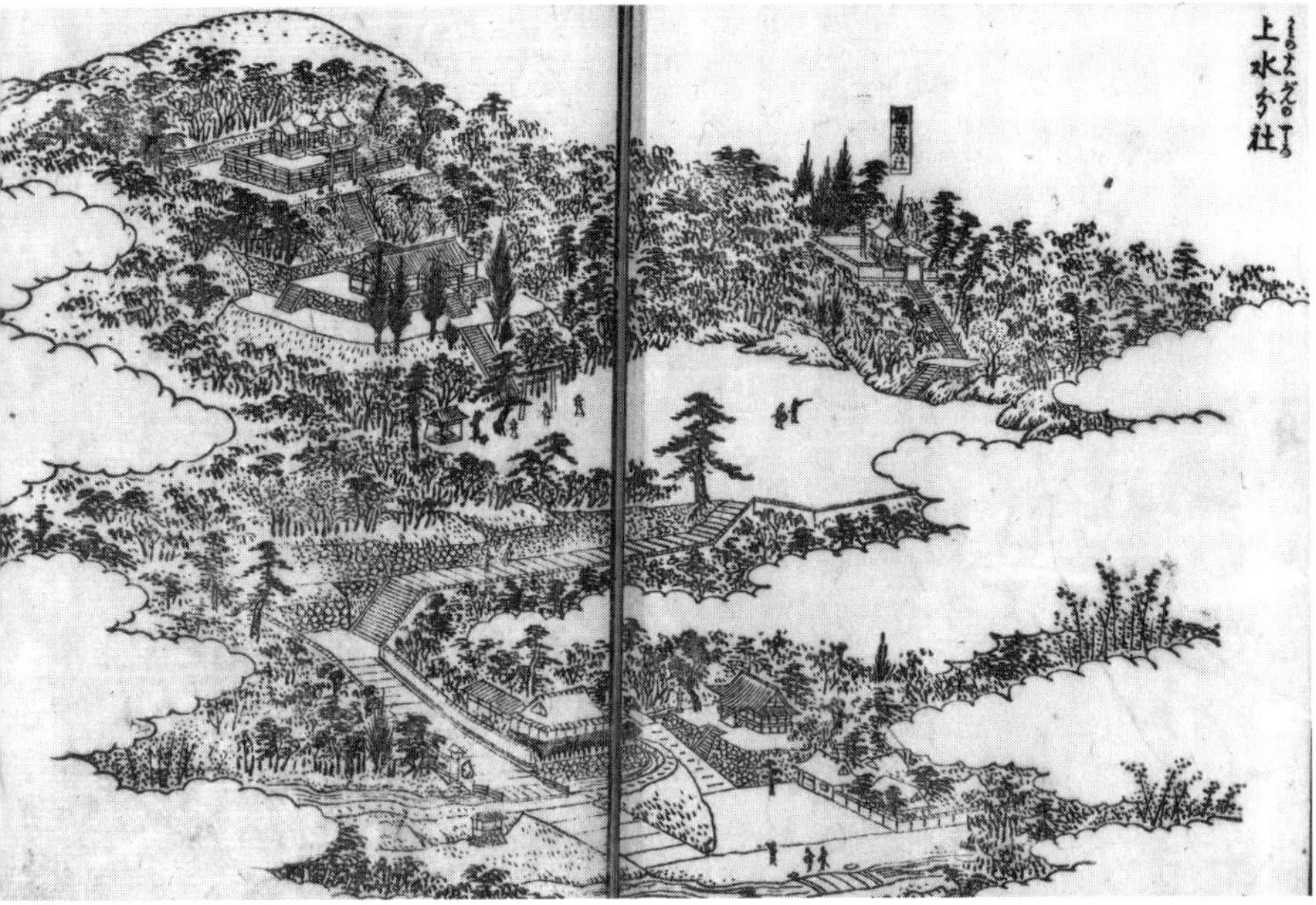

『河内名所図会』建水分神社と楠正成社（現南木神社）

伝楠木正儀の墓について「峯より二廿余町くだり行て、金剛山と千早山との間に、楠正成の石塔あり。頗大なり。石燈台二基並石の端垣あり。石川若狭守殿建立なり。南に向へり。正成の墓、湊川にあるは骸墳なり。こゝに在るは首塚なりと云。是尊氏より正成の首を故郷に送られしを埋めし所なるべし。」と記している。このことから石川総良は楠木正成墓として整備していることがわかる。ちなみに観心寺については「楠正成の小石塔あり。」と記している。また、下赤坂について「下赤坂は、平らかにひろき岡山也。楠正成、千早城より前にこもられし赤坂の城は、下赤坂なり。」と『太平記』の地形の記述から論証している。さらに「山の井村の楠屋敷」や水分村の項では「南木明神」について記した後「楠正成は、古今に類少き忠義の人にて智略ありし良将なれば、人のあがめまつる事宜なり。」と人物評価している。

1-3 『河内屋可正旧記』

南木明神から北に約五キロメートルいった石川郡大ヶ塚

村（河南町）の上層農民、河内屋可正こと壺井五兵衛が子孫、地域の人に向けて書き残した記録である『河内屋可正旧記』が現在重要文化財に指定されて残されている。この記録は元禄六年（一六九三）に著されたもので、当時の上層農民の文化、教養の一端を知る貴重な資料である。この中に楠木正成についての当時の上層農民の認識が読み取れる。『可正旧記』第一巻の[7]冒頭「楠正成卿三徳究竟の事」で正成の「智仁勇」を賞賛している。また、若尾政希[8]は『可正旧記』を分析し、この中で可正は『太平記評判秘伝理尽鈔』[9]やその関連本から「明君」＝正成像と理解し理想の指導者と見ていたという。また、彼は明暦年中（一六五五～五七）に金剛山に登り名将楠木正成の古蹟として千早城跡等を訪れている。

これが、この地域の上層農民の平均的な楠木正成像であるかもしれない。

1-4　南木明神社の楠公五〇〇年忌

楠公四〇〇年忌が享保二〇年（一七三五）であるとして観心寺で法会が行われている。そして、楠公五〇〇年忌が天保六年（一八三五）に南木明神社で行われたようである。建水分神社の氏子地の一つ上河

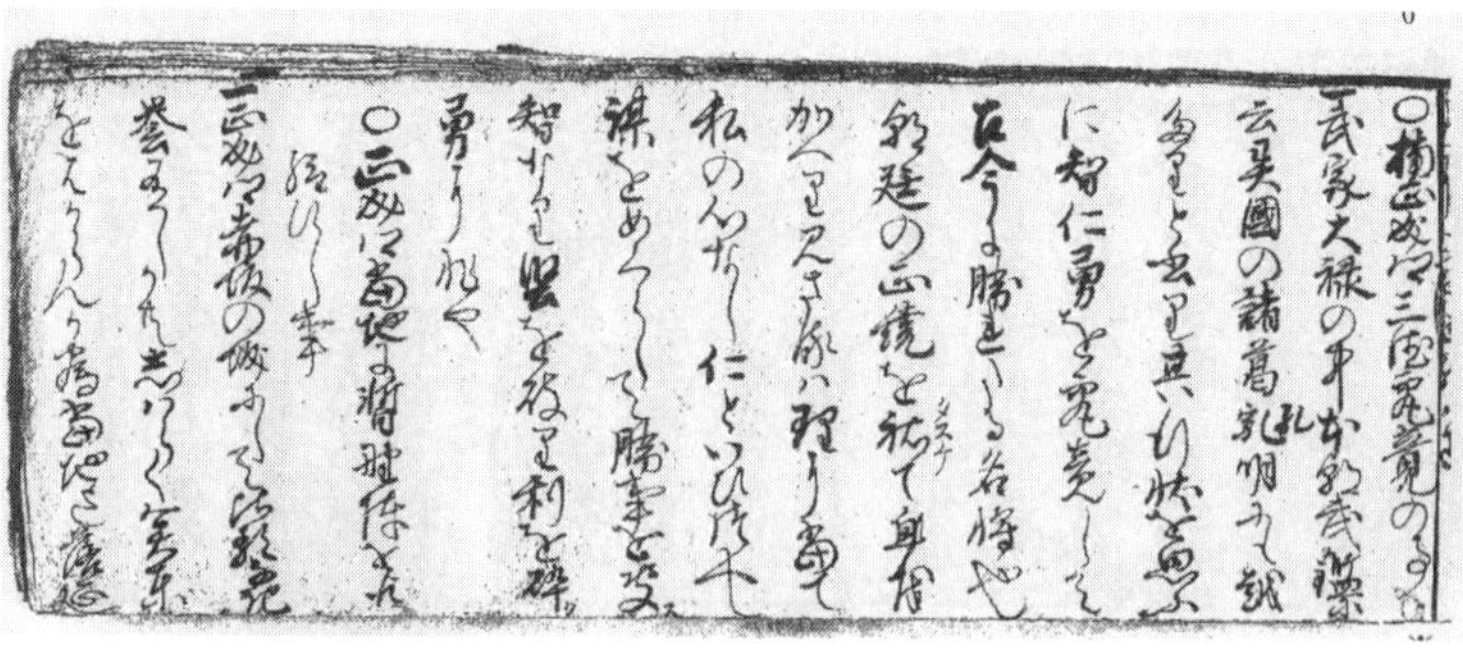

『河内屋可正旧記』（大阪大谷大学博物館提供）

南木神社

内村（河南町）[*10]に「天保二年　上河内村　楠公五百回忌ニ付寄進帳　卯八月　日」の竪帳が残されている。それに寄れば村内四三軒から米一升から三升を集め計一石と柴十駄を神社に奉納したことが記されている。このことから楠公五百年忌には早くから氏子地一八ヶ村から寄進を受けて祭典が行われた事が分かる。

2　明治前期の顕彰

2-1　堺県知事小河一敏の建白

明治一四年（一八八一）に大阪府と合併するまでこの地域を管轄したのが堺県であった。堺県は、最大阪図が旧国大和、河内、和泉を管下に納めた。

堺県の長官は二代で終わるが、初代は豊後岡藩で倒幕派の中心的メンバーであったで小河一敏であった。小河は大和川決壊の復旧事業で政府中央と対立し明治三年（一八七〇）に罷免された。しかし、民衆は彼の政策が多くの人を救ったことから、記念碑を建てて、その功績をたたえた。

彼は明治二年（一八六九）、神祇官に対して管轄下にある楠公関係地の顕彰について建白書[*11]を提出した。その中で、一点目は河内国石川郡建水分神社（千早赤阪村）の楠木正成を祀っている南木神社への奉幣と厨子の寄進、首塚の整備。二点目は河内国讃良郡（大東市・四條畷市）に正成の子正行を祀る小南木神社の創設。そして三点目は湊川の楠社の社号を建水分神社の南木神社と同様に南木神社とする。これらの建白はこの時点では採用されなかったが、共通するのは楠木正成・正行の神社の名称には、既に江戸時代から楠木正成の木像をご神体とする南木神社の名称を使用せよとの事である。

2-2 楠大神社の修復

小河一敏の免職後、次の二代目知事（翌年県令）であった薩摩出身の税所篤《さいしょあつし》も積極的に楠公関係地の顕彰整備を行った。税所は、大久保利通、西郷隆盛とともに新政府の中で薩摩閥の重鎮であった。また、彼らは藩政時代から楠公を崇拝し、文久元年（一八六一）に鹿児島に楠公社が創建された時にも関わっている。

楠大神社跡

県令となった税所は、管内巡視を行うとともに並行して管内の楠公関係地の修復整備等を村役人に指示している。

税所が明治六年（一八七三）に千早村（千早赤阪村大字千早）の小学校の視察を行った。この時に千早城跡を訪れ、その城跡に村社として祀られていた楠大神社の祠や瑞垣が破損していたため、費用の一部を寄付するということで村方に修理を命じている。

この神社は、大阪府全志によれば明治五年（一八七二）村社、明治一二年（一八七九）に千早神社に改称されており、いつのころから楠大神社と呼称されるようになったかは定かでない。

この修理一件について、下館藩河内領の大庄屋を務め明治期に区長、副区長を務めた谷家に以下の記録が残されていた。

一先般小学校為御見分　御県令様御入村被為　成下候節、当村鎮守楠大神社玉垣及大破ニ候ニ付、今般御県庁ヨリ御寄附被為下置候御儀ニ付、石工呼寄為見積可奉書上様被　仰付候ニ付、則別紙見積リ書為認奉差上候、以上

右千早村
戸長山本俊平（印）

明治六年第十一月廿七日

税所に促された戸長は早々に玉垣修理費用総額一三〇円の見積書を提出している。税所は玉垣の費用の一部を寄付するということで、村方に「社頭ノ再造ヲ促シ給フ」と社殿や他の整備を命じている。この修復工事は明治七年（一八七四）五月に終了し、その記録として絵図面を作成している。

一河内国第一大区六小区千早村
楠公城跡小社并瑞籬再建ニ付、瑞籬ハ堺県令税所篤殿ヨリ御寄附、小社ハ有志之銘々ヨリ寄附ニ而再建相成候事

明治七年　　　　掛リ

第五月

区長　谷　喜一
戸長　山本俊平

税所は結果的に見積書の半分以下の寄付金五〇円を村方に渡している。

ところが、この後、村は明治八年（一八七五）五月五日付けで周旋方の房周次郎・山田周蔵・谷口鹿蔵・中谷与十郎、副戸長豊田次平の連名で「楠公御造営嘆願書」を税所宛に提出している。

これによれば、村方は造営費用として五〇〇円を借入しそれで費用を支払ったが、まだ村人の賃金七〇〇人分が不足している。県からすぐに遷宮を行うようにあったが、費用の調達に苦労し、近日に寄付金募集をはじめるということで、延期を願い出た。さらに、村内の橋の架け替えも神社造営の費用の負担から、架け替えず現状のままで行きたいと願っている。

この費用負担については、「僻地寒村ノ微力ニ及ヘキニアラス」「一小村ノ細臂ニカナフヘキニアラス」と村方にとって過酷なものになった。

2-3　大久保利通と楠公誕生地

明治維新の元勲で明治六年（一八七三）に内務卿として政権を把握した薩摩の大久保利通は、板垣退助・木戸孝允との三者が政治方針で合意した所謂「大阪会議」のために、明治七年（一八七四）の一二月から来阪していた。そして、明治八年（一八七五）二月四日には「木戸板垣談合利通同論ノ旨ヲ答フ」と三者の合意の見通しがついたことで、大久保は二月六日から二月八日まで南河内を遊猟した。この時に堺県令であった税所篤が五代才助（友厚）など六名と同行していた。大久保と税所の関係は、前述したように薩摩藩時代からの盟友でどちらかと言えば税所のほうが家格も上で、島津久光に大久保や西郷を引き合わせている。また、大久保が内務卿になってからも、私的な金銭面で税所が相談をうけたりしている。

『大久保利通日記』[*12]によれば二月八日の注釈に「楠公ノ遺跡ヲ訪フ」と記されており、この時に楠公誕生地の整備を大久保が税所に勧奨したとされる。

二月八日
今朝九字当所ヲ発ス千早城跡ヲ望ミ頗有戚二里位行テ楠公誕生塚赤坂前後ノ城跡ヲ見ル富田林ニテ午飯ヲイタシ一字出立人力車ヲ飛ハセ古市トイヘル所ニテ游獵今夜八字大坂へ着

また、この時に大久保一行を迎えた河内国第一大区第六小区（富田林市）村役人の一人杉本忠平が記した日誌『日新誌』にも同日の記載がある。

楠公誕生地碑

八日曇
今御中飯杉山氏正午御着、昨日之猟獲物無之事、金剛山上ヲ峯伝ヒ千早ヘ御出道路雪凍ナメラニ而スヘリ、皆々御困リノ御咄、予御供相断候義大ニ仕合也、杉山氏御宅ニ而囲碁抔被成、午後三時御立、古市ヘ向各御乗車、其後ヘ雄鹿壱疋千早村ヨリ持参、則古市ヘ向人足ヲ以差遣シ候処、大坂大久保様御宅ヘ持参スヘシ東京ヘ御土産ト申事、集議所追々

この両者の記録から大久保一行は、寒さ厳しい金剛山中で狩りを行ったが成果なく、金剛山から山麓の千早村に下り一泊し、翌朝九時に人力車で出発した。昼一二時に富田林寺内町の杉山邸（歌人石上露子の生家、重要文化財）に着き昼食をとり囲碁を指して午後三時（大久保日記では午後一時）に出発していることがわかる。金剛山麓から楠公誕生地まで八キロ、それも凍り付いた険路であり一時間以上を費やしたと思われる。誕生地から杉山邸までは約六キロなので一時間弱とみれば、誕生地と赤坂城の見学に費やした時間は一時間弱程度と思われる。この時間では「赤坂前後ノ城跡」は誕生地から遠望しただけであろう。

また、余談であるが猟が不首尾であったことから、千早村から杉山邸に大久保が発った後、雄鹿が届けられ、彼は東京の土産にしている。これも、日記等から税所の計らいであったようである。

この楠公誕生地での大久保の言動を詳細に伝えているとされたのが、大正三年（一九一四）に大熊

権平[13]が著した『大楠公奮忠事歴』[14]である。

この大熊の大久保に関する記述は、日程の誤りや人名の誤りなどがあり、その一部は信憑性を疑われるものである。ところが、この記述内容が大久保の楠公遺跡に対する言動として後々まで出版物等に引用されることとなる。

利通卿慨然として重き口を開き、縣官、村吏を顧みていはれしには、吾等同志の者が尊王倒幕の大義を唱へ身を捨て家を忘れ、東奔西走して天下を動かし、遂に明治維新・王政復古の御代を開いたのは、皆これ大楠公の意志を継承して君国の為に臣節を淬勵したからである。かの七卿が大宰府寓所に於て楠公祭を行われたのも、これまたこの心よりなされたのである。土地の村民は遮莫あれ、苟も牧民の職をこの地に奉ずるものが、一念茲及ばずして、依然荒蕪に任せて顧みないのは抑々王政復古の大精神を知らぬものか、将た大楠公の誠忠大義を忘れたのか、啻に千古の大忠臣に対して礼を失ふばかりでなく、実に天下の風教を顧みぬ仕業と謂わねばならぬ。県令以下宜しく相謀り、速にその保護と旌表とを講ぜられよ、余もまた聊か資を助けん。

金一封を寄せられた。其辞色極めて厳粛鎮痛であって、税所以下いずれも満身に冷汗をあびたとは、今でも古老が言うている所である。

この文章では、大久保が荒れ果てた誕生地を見て、税所をはじめ村役人たちを叱責し、その保全を命じたと記されている。そして、叱責された税所は、「村吏と相談して県より補助金を出し、水分社及南木社の修繕に着手すると共に楠公誕生地の境域を廣め、且つ一碑を建てて世に顕彰せんと思い、既に石を磨き専ら卿の題字を出来るのを待っていた」とも記されている。

この逸話は、昭和前期における楠木氏研究の代表的な著作である藤田精一[*15]『楠氏研究』で引用されている。藤田は「その大楠氏揺籃の地河内国赤坂、小楠氏膏草の区、同四條畷も明治の元勲大久保利通卿が征馬途上の指目に入り始めて公式表彰の議あり」「これより後、河内に於ける楠氏顕彰のことも、稍々発起せられ」と大久保来訪により楠公顕彰が進んだと高く評価している。しかし、この逸話は同様な話が、正行を祀る四條畷神社にも残されていることから、大熊により脚色が施されているのではないだろうか。

この大久保の来訪から七日後には「誕生地敷地拡張願い」が堺県に提出されている。この文書は大久保を迎えた村吏の一人谷喜一の家に残されていた。これによると、同年二月一四日付けで税所宛に九坪の敷地を八一坪に広めたい旨、絵図を添えて願い出ている。

河内国第一大区六小区

六番組石川郡水分村

一　当村領之内字山之井ニ楠誕生地之義経年暦ヲ随ヒ、至而狭少ニ相成、依之今般別紙絵図面之通増地仕度奉存候間、何卒御見分之上御採用被成下度、此段奉願上候、以上

明治八年二月十四日　　　右組戸長　奥野佐多良（印）

堺県令税所篤殿

副区長　谷　喜一（印）

この誕生地の敷地は、その後も拡張されているが、この時広げた八一坪の部分は現在でも石垣がめぐらされ土壇状になっている。

税所は前述のように大久保の揮毫で建碑を計画したとされる。しかし、西南戦争の勃発により大久保の揮毫は果たせなかったようである。そして楠公祭典[*16]に合わせて明治一一年（一八七八）五月一五日に石碑落成の祭典が実施されている。翌一六日には「西南役戦死者招魂祭」も実施され多くの人々が集まり、楠公遺物の展示、相撲や芝居が催された。奇しくもこの落成前日に大久保は紀尾井坂で暗殺された。

この碑には「楠公誕生地」と刻まれているが、この揮毫は、『千早赤阪村誌　本文編』では誉田八幡宮宮司桃井直正によるものとされている。しかし、実際は当時大鳥神社大宮司であった富岡鉄斎が揮毫したもので、落成当日は祭典に参加している。[*17]桃井はこの時祭式を執り行っていた。

明治後期の顕彰

2-4　楠氏紀勝会

日清戦争開戦前、当時の千早村大字千早在住の仲谷長一郎ほか一六名（内一三名が千早村大字千早）

が発起人となって、千早城跡に紀念標を建設する運動をはじめた。明治二七年（一八九四）九月二九日に大阪府へ出願し、同年一二月二〇日までに建設と募金活動が認可された。そして楠氏紀念標建設事務所[*18]が置かれ、日清戦争終結後の明治二八年（一八九五）一一月から事業がすすめられた。しかし、事業は思うようには進まず仲谷長一郎は大阪府知事菊池侃二《きくちかんじ》（官選一一代）・元大阪府知事西村捨三《にしむらすてぞう》[*19]に事業の進め方を協議した。結果、楠氏紀念標建設事務所を引き継ぐかたちで楠氏紀勝会が設立された。明治三二年（一八九九）一月二九日南河内郡役所議事堂で発起人会を開催し菊池侃二・西村捨三が総代、会計を仲谷長一郎、事務所を坐摩《いかすり》神社（大阪市中央区）に置き千早に支部を置いた。実際の事務は府社寺掛高宮正路が担当し、事業を進めるに当たっては、南河内郡の当時の郡長深瀬和直が協力した。

「千早城旧阯」銅標

明治三四年（一九〇一）一一月に当時の河南鉄道富田林町停車場域内に楠氏遺跡里程元標を建設した。これが現

在近鉄富田林駅南口駅前の広場に残っているものである。さらに翌年六月には赤坂城跡に標柱石、千早城跡の登山口に聯柱石（左柱―審強弱之勢於幾先、右柱―決成敗之機於呼吸）、建水分神社、古市など各史跡の分岐標を設置した。さらに明治三六年（一九〇三）に主な目的であった千早城跡に紀念銅標を建設した。総高約五メートルで重量約四トンのもので菊池の斡旋により大阪砲兵工廠弾丸部に依頼して製作されたものであった。そして同年一〇月に『楠氏遺跡志』[*20]を発刊し、事業を終了した。紀念標と里程元標の題字は西村の盟友の書家日下部鳴鶴《くさかべめいかく》（東作）である。この時、紀念銅標の菊水の紋について担当者が苦慮し、残されている紋様を調査したが、どれが正しいか判断できなかった。『楠氏遺蹟志』には「世間通常の紋様を取り、菊水を半形に描き、水を右に巻て、その流れを碑側に落せり、而して台石に刻する所は、群書類従の山吹形に拠れり」と記され、菊水の流れが左右どちらか判定できず普通の右巻きにしたとも記されている。

　この楠氏紀念標建設事務所設立発起は千早村大字千早に在住する一三人を中心に進められた。その背景は、楠木正成が百万と号する大軍を翻弄し、建武中興に大いに貢献した千早城跡がある村人として顕彰しなければならないとの地域意識である。しかし、それにとどまらず、顕彰活動を進めることのできる環境もあった。この千早は山深い山村であるが、決して寒村ではなかった。江戸時代文化四年（一八〇七）に隣国紀伊国伊都郡の人が寒暖差の大きい金剛葛城山系北側の滝畑村（河内長野市）で凍豆腐（高野豆腐）の生産を始めた。それが、広がり幕末には千早は生産拠点の一つになった。明治時代になって西南戦争では軍需用に買上げられ、全国に凍豆腐が知られるようになった。日清戦争、その後の日露戦争でも、凍豆腐は軍需物資として大量に買上げられ、値段も高騰し、千早は軍需景気を呈したようである。楠氏紀念標建設事務所や楠氏紀勝会が設立されたのは、日清戦争前後のこの軍需景気の時期である。また、凍豆腐だけでなく、炭、木材の生産も盛んであり、このような経済的背景も顕彰運動が千早でおこった要因の一つであると考えられる。

2-5　楠公誕生地保勝会

楠公誕生地は明治八年（一八七五）に敷地の拡張、明治一一年（一八七八）に「楠公誕生地」の建碑があったが、これらは大久保、税所らによる明治政府顕官主導型で行われた。その後、楠氏紀勝会の活動もあったが分岐標の設置にとどまり、整備などにはいたらなかった。しかし、日露戦争後再び整備の動きが地域ではじまった。

明治四一年（一九〇八）一月、楠木正成を祀った南木神社のある建水分神社氏子地域（千早赤阪村・河南町・富田林市）の有志の発起で楠公誕生地保勝会が設立された。明治四二年（一九〇九）一一月一日に発会式が行われ三〇〇人余りを集めた。会では役員として創立委員長（後理事長）に向日《むこう》保雄《やすお》南河内郡長、当時の大阪府知事高崎親章《たかさきちかあき》（官選一二代）を会長に推挙し承諾を得た。

会は募金活動の目標を五〇、〇〇〇円とし、同年一一月一日大阪府から大阪府内での寄付金募集の許可を得た。しかし、府内だけでは「到底予定ノ金額ヲ募集スル能ハサル付」として明治四三年（一九一〇）一月八日の総会で全国へ寄付金を募集することや神鏡祭祀の件、発起人の追加勧誘、演芸会開催を決定している。寄付については同年一月一五日付で寄附金品募集許可願を楠公誕生地保勝会会長高崎親章名義で内務大臣宛に提出している。

寄附金品募集許可願

楠公誕生地保勝会設立ニ付大阪府下ニ於テ寄附募集ノ儀　明治四十二年十一月一日　保第二五〇七号ヲ以テ大阪府知事ノ許可相受ケ候処一府下局ニテハ到底予定ノ金額ヲ募集スル能ハサルニ付　更ニ全国各庁府県下ニ於テ寄附金品募集致度候条御許可相成度　明治三十一年ノ内務省令第六号第五条ノ事項ヲ具シ此段願上候也

明治四十三年一月十五日　大阪府南河内郡中村大字天神山〔一字不明〕五拾四番地

楠公誕生地保勝会　会長高崎親章

内務大臣男爵　平田東助殿

添付の方法書には募集区域を全国一般とし、募集期間を明治四三年（一九一〇）から三年間として三三名の寄付金従事者を決めている。発起人についてはすでに二〇〇名余りが名を連ねているが、さらに大阪府会議員、大阪市参事会員、同市会議員、商業会議所議員、村山龍平、本山彦一、浮田桂造、岡橋浩助、内藤為三郎、阪上新治郎、土屋師団長、旅団長、大阪堺両連隊司令官ほか実業家二〜三〇名を勧誘するとしている。結果は判明しないが大阪の政財界、マスコミ界にも働きかけたことがわかる。

高崎の後、明治四四年（一九一一）九月四日に府知事に犬塚勝太郎（官選一三代）が就任したが、犬塚が会長であった記録は残されていない。しかし、会長が府知事の宛職であると考えられることから彼も就任したと思われ、この時、前会長の高崎が顧問に就いたと考えられる。

楠公誕生地休息所（誠忠堂）絵はがき

犬塚の後任が大久保利通の三男大久保利武（官選第一四代）で大正元年（一九一二）一二月三〇日に就任し、大久保が会長となり高崎は引き続き顧問に就いている。理事長も南河内郡長の宛職であるため武藤剛南河内郡長が就いた。

会の事業計画では当初①銅像ノ建設②境外民有地購入（夏季ハ殊ニ肥料ノ臭気甚シク不敬ノ恐レアル）③拡張境内の造営その他設備（石垣築造及玉垣ヲ建設）④事務所及休息所（名所旧蹟殊ニ多ク従テ軍隊学校生徒其他参詣人絡繹トシ）⑤道路改修（赤阪城址ヨリ誕生地ヲ経テ水分神社ニ至ル間）⑥保存基金の設置があげられていたが、大久保が会長の時の趣意書では①の銅像が「誕生地ノ霊地ニ社殿建設」に変わっている。また、一九一四年発行の『大楠公奮忠事歴』の挿図写真には「誠忠堂」と命名された休息所が掲載され、さらに敷地の拡張、休息所、道路拡張はすでに終わっていることが記されている。

この会は、大正五年（一九一六）には宮内省から一〇〇円を維持費として下賜されている。その後の会の資料は少なく、昭和九年（一九三四）の室戸台風の被害を受け、紀元二千六百年の記念事業として諸建物の修復、楠公道場、無料宿泊所の設置を計画した寄付の趣意書が見られるだけである。

会の発起人の居住範囲は楠氏紀勝会の千早村一村に比べて広範囲である。中心となる理事、会計主任、世話係を構成する人々は建水分神社氏子地域に広がるからである。高崎時代に理事兼会計主任に就いた高橋悦治及び理事福田辰造は明治三〇年（一八九七）の河内貯金銀行の発起人に名をつらねている。また理事杉田善作は明治二六年（一八九三）に設立された合資会社富田林銀行の出資者である。さらに明治三一年（一八九八）に南河内郡が設置されるが郡役所の書記に採用され、後に富田林町長に就いている。大久保の会長時代に会をリードしたと言われている常務理事兼会計主任の高橋太郎兵衛は、明治四四年（一九一一）に金剛水力電気株式会社を起こし、さらに大正八年（一九一九）には南河内郡から「軍資金豊富なる」長所をもって府会議員に選出されている。つまり彼らは地域の名望家層である。組織は会長が知事、理事長が郡長、理事五人のうち一人は郡書記、残り四人の理事は地域の赤阪村、中村などの地域の名望家が就いている。会計主任は地域の名望家の理事から選ばれ、実質的に会の実務を担っていた。

会が設立された明治四一年（一九〇八）は、日露戦争後の社会的混乱を収めるため、国民道徳の方向性を示した所謂『戊申詔書』が発せられた時期である。翌年には町村財政と生活習俗の改良をめざした内務省主導の地方改良運動が進められた時期でもある。

3　大正期

3-1　皇族の来訪

大正期に入ると皇族の来訪が相次ぐ。楠公誕生地に残された植樹記念の石碑から見てみると大正三年（一九一四）に伏見宮博義王《ふしみのみやひろよし》が皇族としてはじめて訪れている。大正六年（一九一七）五月一一日[*21]には当時皇太子であった昭和天皇が東宮御学問所の歴史学習のために来訪しクスノキを植樹している。さらにこの時は徒歩で赤坂城も登っている。大正九年（一九二〇）には竹田宮恒徳《たけだのみやつねとく》王、大正一二年（一九二三）に秩父宮が訪れそれぞれクスノキを記念植樹している。前年に秩父宮家が創設されている。

昭和三年（一九二八）四月久邇宮邦彦《くにのみやくによし》王[*22]が奈良県から金剛山に登り宿泊したあと千早城跡を訪れた後、観心寺、楠妣庵《なんぴあん》を巡り天野山金剛寺で宿泊した。翌日、富田林中学校を経由し誕生地を訪れている。

久邇宮邦彦王来訪

誕生地石造物配置図（六條均氏作成）

番号	種類	正面刻文	裏面・側面年代等
1	石碑	楠公誕生地	明治十一年五月建
2	灯籠		
3	石碑	壹百圓宮内省下賜	大正五年六月廿四日
4	手水鉢	御手洗	
5	石碑	皇太子殿下御手植楠樹	大正六年五月十一日
6	石碑	伏見宮博義王殿下御手植	大正三年十月六日御台臨
7	石碑	久邇宮邦彦王同妃両殿下台臨記念楠樹	昭和三年四月謹植
8	石碑	皇太子殿御成婚記念　月桂樹二株	大正十三年二月十六日謹植 大阪府府會議員高橋太六兵衛
9	石碑	秩父宮雍仁親王殿下御手植楠樹	大正十二年五月二十五日
10	祠		
11	灯籠		
12	石碑	皇太子殿下行啓御休憩所	大正六年五月十一日
13	石碑	楠公誕生地	
14	看板	楠公誕生地遺跡	
15	石碑	楠公史蹟 河南八勝第七蹟	大楠公六百年記念　干時　昭和九
16	石碑	竹田宮恒徳宮王殿下 御手植	大正九年三月二十三日
17	看板	楠公史跡案内図	令和三年三月二十六日

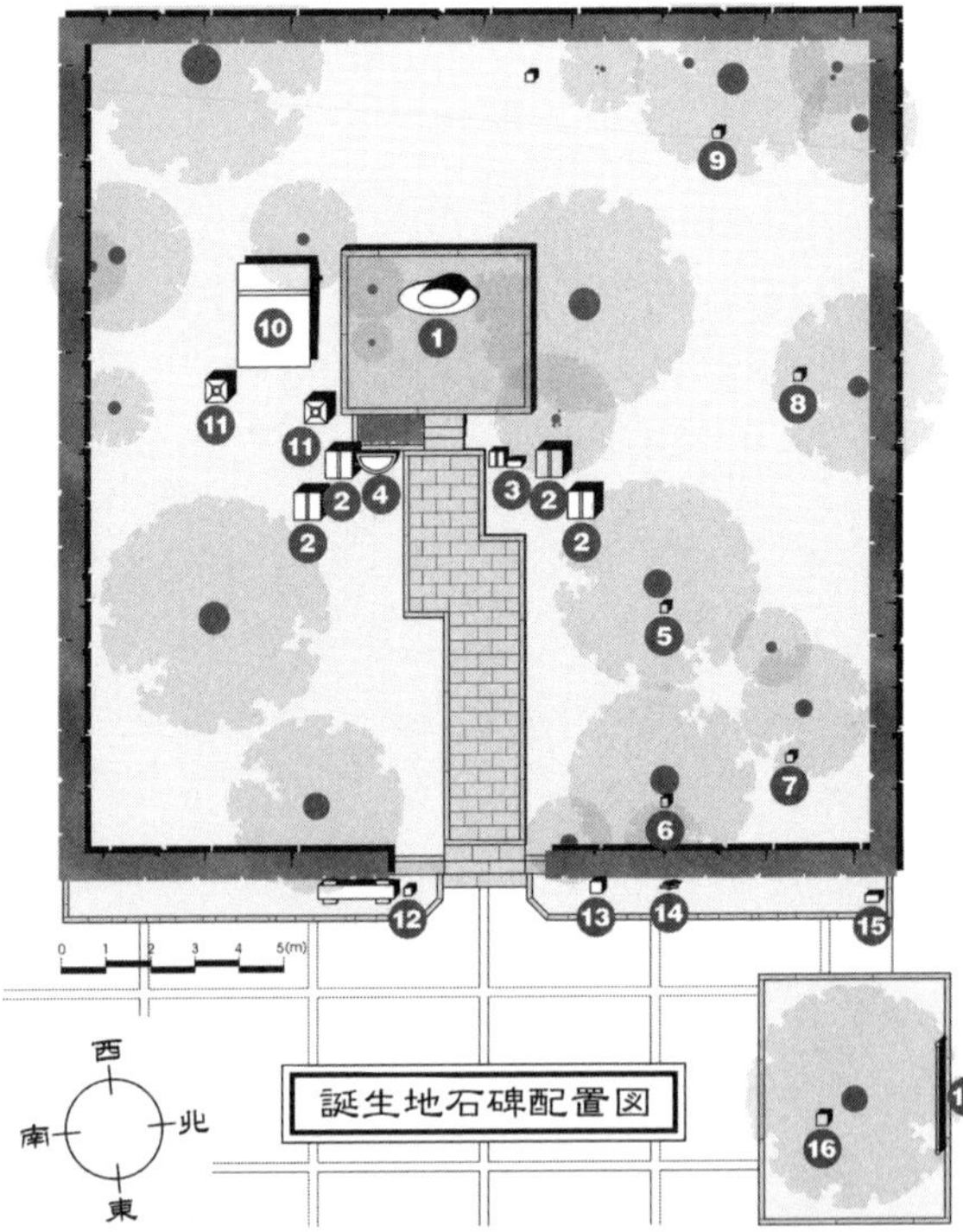

3-2 楠公顕彰會の設立

第一次世界大戦終結の年である大正七年（一九一八）一月三日に陸軍大将一戸兵衛《いちのへひょうえ》を会長に楠公顕彰會が設立された。そして大正一一年（一九二二）には社団法人の認可を受けた。定款では「本会ハ楠木正成ノ精忠ヲ社会ニ顕彰シ国民道徳ノ振興ヲ図ルヲ以テ目的トス」としている。また、事務所は京都市上京区におき、事務の都合により支部を東京市芝区と千早村大字千早に置くとしている。更には会員について楠公誕生地保勝会賛助会員はそのままこの本会員になると定めている。

その後昭和二年（一九二七）一一月一八日に臨時総会を開催し定款変更を行った。翌年会長名で京都府を通じて文部省に申請し認可されている。この定款変更で第三条に掲げられた事務所を千早村に置き、第四条に掲げられた事業の一つ、楠公記念武器館の建設予定地を桃山御陵付近から千早城跡に変更している。そして、大楠公及び夫人画像及び楠公壁書の頒布が取り消されている。

更に第五条資産の項目についても変更している。旧定款の「資産ハ窪添之介ヨリ提供シタル別紙証明書ノ金額四千五百円及会員拠出金」の部分のうち「会員拠出金」を残して他を取り消している。定款変更により、この会の資金運営などが窪添之介[*23]から地元会員主体になった感がある。その後、昭和六年（一九三一）五月の楠公顕彰会の募金趣意書によれば、会の活動として定款第四条で掲げられた「千早城跡ニ鎮座セル千早神社ノ社殿及ビ付属建物ヲ改築シ並ニ金剛嶺ニ達スベキ道路ヲ修理」に重点が置かれた。この時点で千早川八千代橋架橋、参拝者無料宿泊所、千早城跡道路石段敷設、千早城銅碑陸海軍奉納品移転は完了している。そして千早神社改築が昭和二年（一九二七）一一月に起工

千早神社

し建設が進んでいるが、総事業費一二万四千円のうち三万円が不足し、昭和一〇年（一九三五）の楠公六百年祭までに完成させるための募金を行っている。

また、昭和六年（一九三一）の趣意書によれば、組織は大正一三年（一九二四）に明治神宮宮司となった一戸兵衛が会長、顧問に子爵阪谷芳郎《さかたによしろう》・渋沢栄一《しぶさわえいいち》・小笠原長生《おがさわらながなり》・清浦奎吾《きようらけいご》が就任している。組織の中に著名人を入れることにより、会の対外的な権威を高めようとしたと考えられる。また、募金活動を進めるために大阪商業会議所会頭、大阪朝日新聞社長、大阪毎日新聞社長、住友・藤田・鴻池各男爵家、大阪市会議長、前大阪府会議長、大阪市長などの政財界やマスコミ関係者を委員に任命している。この結果、住友家からの一万円を初め多額の寄付を集めて事業を完了させた。会を実質運営したのは千早村在住者を中心とする幹事、理事、評議員である。

4　昭和前期

4-1　建武中興関係史蹟指定

4-1-1　建武中興六百年祭

現在、文化財保護法で指定されている千早赤阪村の千早城跡、楠木城跡、赤坂城跡の各史跡の指定日は、同日の昭和九年（一九三四）三月一三日である。また隣接する河内長野市にある史跡金剛寺、観心寺の二件も同年同日である。

この昭和九年（一九三四）三月一三日は、後醍醐天皇により建武（一三三四年）に改元されてから六〇〇年として、この日を中心に建武中興六百年祭が全国的に行われた。この祭典は内務官僚や神道関係者、

建武中興六百年祭（『建武中興六百年記念事業報告』より）

軍人、学者らによって組織された建武中興六百年記念会[*24]が中心となり行われ、同年同日をもって記念日として事業を行った。主な事業は①記念日に合わせて官幣大社吉野神宮及び後醍醐、後村上、後亀山天皇陵への代表派遣参拝、②記念日祭典の執行（東京本部は日本青年會舘で開催）、③記念日に建武中興関係神社への代表派遣参拝と幣帛料《へいはくりょう》の奉奠《ほうてん》、④建武中興関係忠臣の追賞の稟請、⑤記念日の東京及び地方での講演会の開催、⑥記念出版及び宣伝印刷物の刊行、⑦史料展覧会の開催などである。この記念日に合せて文部省は全国的に一七件、大阪府内ではこのうち五件の史跡が建武中興関係史蹟として史蹟名勝天然紀念物保存法[*25]により指定した。

4-1-2　史跡指定への動き

文部省の史跡指定は、建武中興六百年祭式典の開催に合わせるために、昭和八年（一九三三）の指定準備から指定まで慌ただしく手続きが行われた観がある。そして大阪府には同年一二月一一日に、千早城跡、赤坂城跡、観心寺、金剛寺、金剛山（山頂が奈良県側）、五カ所の史跡指定内定の通知を出している。さらに同月一九日から同月二二日まで、文部省史蹟名勝天然紀念物保存調査委員荻野仲三郎・古谷清（保存課嘱託）による現地視察が慌ただしく行われている。既に大正一三年（一九二四）時点で内務省時代の勅令による史蹟名勝天然紀念物調査会官制が廃止され、以降一〇年間の空白があって、この昭和八年（一九三三）四月一一日に史蹟名勝天然紀念物調査委員会規程が制定され、これに基づいて調査が行われた。

現地調査は、大阪府、奈良県の学務部社寺兵事課職員及び大阪府史蹟調査委員とともに調査が行わ

指定された建武中興関係史蹟

	史蹟名	場所
1	赤阪城跡	大阪府南河内郡千早赤阪村
2	楠木城跡（上赤阪城跡）	大阪府南河内郡千早赤阪村
3	千早城跡	大阪府南河内郡千早赤阪村
4	金ヶ崎城跡	福井県敦賀市
5	杣山城跡	福井県南条郡南越前町
6	一宮（桜山茲俊挙兵伝説地）	広島県福山市
7	稲村ヶ崎（新田義貞徒歩伝説地）	神奈川県鎌倉市
8	生品神社境内（新田義貞挙兵伝説地）	群馬県太田市
9	圓教寺境内	兵庫県姫路市
10	延暦寺境内	滋賀県・京都府
11	隠岐国分寺境内	島根県隠岐郡
12	東大寺東南院旧境内	奈良県奈良市
13	教王護国寺境内	京都府京都市下京区
14	金胎寺境内	京都府相楽郡和束町
15	金剛寺境内	大阪府河内長野市
16	観心寺境内	大阪府河内長野市
17	金剛山	奈良県御所市

れた。初日は観心寺そして下赤坂城（赤坂城）跡を調査した。翌日に上赤坂城（楠木城）跡から金剛山に登り宿泊し、三日目に千早城跡の調査をしたようである。そして、観心寺、下赤坂城の二カ所の候補地について大まかな史跡指定範囲を府及び村に指示したようである。このように候補地千早城跡、赤坂城跡（上、下赤坂城二カ所）、観心寺それに奈良県に属する金剛山が、現地調査されている。ところが、この内定のあった候補地のうち金剛寺が調査対象から外れている。*26

　各史跡の指定手続きについては、千早城跡は昭和九年（一九三四）一月二五日付けで千早村長杉田蜜治から土地所有者の同意書とともに鳩山一郎文部大臣宛に指定御願が出されている。そして同年二月五日に大阪府が受付し、二月六日に大阪府より文部大臣宛（文部省宗教局）宛に「史跡指定ノ件」として進達されている。その願書は「史蹟指定御願別記地籍調書記載ノ土地ハ史蹟調書ノ通建武中興ノ重要史蹟ト存候間、永久保存ノ為メ史蹟名勝天然紀念物保存法ニ依リ御指定相願　関係書類添付　此段及御願候也」と記載されている。この文面は金剛寺を除く三ヶ所の史蹟の指定願書と同様で、大阪府が作成した書式と思われる。そして、二月一三日付で文部省宗教局長下村壽一より大阪府知事縣忍《あがたしのぶ》に「史蹟千早城阯ニ關スル件」として書類の再確認として地籍、所有者について至急取調をして二月二〇日までに回答するよう求められていることがわかる。

楠木城跡（上赤坂城跡）と赤坂城跡（下赤坂城跡）の指定については、千早城跡の指定願書と同日の昭和九年（一九三四）一月二五日付で南河内郡赤阪村長高塚彌市、千早村長杉田密治の連名により、土地の所有者の同意書とともに「史蹟指定御願」が提出された。大阪府は千早城跡より一日遅れの同年二月六日付で「史蹟指定ノ件」として二月七日文部大臣鳩山一郎宛に進達している。

この手続きで、千早城跡・赤坂城跡・楠木城跡については、「史蹟指定御願」の時に添付書類として地権者全員の同意書を添付している。これは、前年の調査時に文部省から指示を受けていたものと思われる。このようにして、史跡指定の正式手続きは、指定月の二ヶ月程前の一月中旬から始め、二月中に終了している。これは、現在の史跡指定の事務処理に比べると短期間で行われている。

このようにして昭和九年（一九三四）三月一三日文部省告示第九〇号で建武中興関係史蹟としてこの三史蹟も含めて全国で一七ヶ所が指定された。

4-1-3　村内三史蹟

このようにして、現村内の三史跡は史蹟名勝天然紀念物保存法により建武中興関係史蹟に指定された。ここでのタイトル表記は官報告示に基づいている。昭和一四年（一九三九）、国庫補助を受けて建碑された赤坂城・上赤坂城の標石には「坂」が刻まれているが、官報告示と相違する。官報告示は「阪」を用いている。

［千早城阯］

千早城跡は、指定当時の行政区画は大阪府南河内郡千早村である。

史跡指定地の面積は五八、八九九平方メートルで、現在指定地内の中心部は千早神社の境内地となっている。

指定説明では「元弘二年楠木正成再ビ義兵ヲ起スヤソノ本城楠木城ノ爪城トシテ築クトコロナリ同三年閏二月楠木城陥ルニ及ビ正成退イテ之ニ據

楠氏紀勝会「千早城旧阯」銅標台座残存部

リ寡兵ヲ以テヨク大軍ニ當リ関東軍遂ニ之ヲ陥ルヽコトヲ得スソノ■王ノ士四方ニ起リ中興ノ■セシメタルヲ以テ著名■千早川ニ臨ミ聳立セル山上ニアリ峯上階段状ヲナシテ區劃シ城台ノ阯ヲ存ス今ソノ頂上ニ千早城旧阯ノ銅標ヲ建テ又村社千早神社ノ社殿ヲ設ケタリ西南北ノ三面ハ傾斜急ニシテ攀登頗ル困難ナリ東方ハ金■ニ楠木正儀ノ墓ト傳フル五輪塔アリ元中元年楠木正勝■ニ攻メ落サルヽニ及ビ以後廢墟トナレリ」

城の縄張りは、千早神社及び大阪府立山の家（現在、廃館）などの建造物によって曲輪の形状が改変されているが、全体の構造は旧態を保っている。城跡への登り口には、明治三四年（一九〇一）楠氏紀勝会建設の聯柱石と昭和一〇年（一九三五）に楠公史蹟河南八勝会が建設した「河南八勝第四蹟千早城跡」の標石柱が建てられている。また、大正一〇年（一九二一）に大阪府によって建てられた「此山頂千早城址」の標石柱があった。

さらに城跡の千早神社の参道に、昭和一四年（一九三九）に建てられた史蹟名勝天然紀念物保存法による史蹟指定を示す「史蹟　千早城阯」の標石柱がある。また、現存しないが前述の楠氏紀勝会による「千早城旧阯」の銅標が建てられていた。

【赤阪城阯】

赤阪城跡は、指定当時の行政区画は大阪府南河内郡赤阪村水分、千早村東阪であった。指定地面積は一〇一、一六四平方メートルで、大部分が水田・果樹園である。

指定説明では「元弘元年九月楠木正成之ヲ築キ護良尊良ニ親王ヲ迎ヘテ北條氏ノ軍ニ抗セシガ笠置

落城ノ後自ラ城ヲ燒キテ退キ元弘三年十一月之ヲ奪還シ腹心ヲシテ之ニ居ラシメ楠木城ノ前衛トナセシ處ナリ。東條川ノ懸崖ニ臨メル丘陵上ニアリ今拓カレテ田畝トナレルトコロニ階段状ニ城台ノ跡ヲ存ス當時ノ遺構破壊セラレテ見ルベキモノ少シト雖モ天然ノ地形ハ尚當ノ城郭範圍ヲ略々推定シ得ラル、ナリ」

この城跡は指定説明にも記されているように明確な縄張りが残っていない。また、その位置も定かでない。このため、史跡指定範囲が他の二ヶ所の城跡より広大なものとなっている。また、二カ所の違った場所に城跡を示す石柱が建てられている。大阪府が大正一〇年（一九二一）に建てた「下赤坂城本丸址」の標石柱とその標石柱から六〇〇メートル南にあった楠氏紀勝会が明治三五年（一九〇二）

大阪府「下赤坂城本丸址」標石

楠氏紀勝会「赤阪城址」標石

に建立した「赤阪城址」の標石柱である。現在、城跡には千早赤阪中学校が建設され、裏手に昭和一四年（一九三九）に「史蹟　赤坂城阯」の標石柱が建てられている。また。大阪府の標石柱は原位置に残されている。しかし、楠氏紀勝会の標石柱は、もともとあった中学校裏手から、府道の中学校進入路入り口に移築されている。

［楠木城阯（上赤阪城阯）**］**

楠木城跡は、指定当時の行政区画は大阪府南河内郡赤阪村桐山、千早村東阪である。指定面積は六四、二〇八平方メートルで、地目が山林である。

指定説明では「元弘二年正成二タビ義兵ヲ起スヤ赤坂城ヲ前衛トシ千早城ヲ後衛トシ自ラ之ニ據リ屡々奇計ヲ以テ北條氏ノ大軍ヲ拒キタル處ナリ二河原辺ノ東南ニ兀立セル山上ニアリ城台並ニ壕阯ヲ存ス三方断崖深谷ニ臨ミ且ツ展望頗ル佳ニシテ天險ノ要害地ナリ城後ニ井ノ谷アリ今ニ水ヲ湛ヘ灌漑ニ便ス傳ヘテ城ノ飲料水源地トセリ」

縄張りは、千早城跡、赤坂城跡に比

東部教育会「上赤阪城址」標石

べれば戦国期に改修された姿であるが良く残っており、現在、史跡整備事業が進められている。

この城跡を示すものには、下赤坂城と同じように登り口に大阪府が大正一〇年（一九二一）に建てた「此山頂上赤坂城址」の標石柱が残されている。さらに、城跡の主曲輪には昭和一一年（一九三六）に東部教育会が建立した「上赤阪城址」の標石柱がある。そして昭和一四年（一九三九）に建てられた史跡指定を示す「史蹟　楠木城阯（上赤坂城阯）」の標石柱がある。

4-2　楠公六百年祭と楠公史蹟河南八勝会

昭和一〇年（一九三五）五月二五日は楠木正成が湊川で戦死した延元元年・建武三年（一三三六）から六〇〇年にあたり、湊川神社をはじめ全国各地で楠公六百年祭が行われた。

南河内では昭和九年（一九三四）一二月に楠公関係史蹟を紹介する目的で楠公史蹟河南八勝会が設立され、観心寺中院に事務所を置いた。八勝地は当時のパンフレットによると第一蹟天野山（天野村）、第二蹟楠妣庵（東條村）、第三蹟観心寺（川上村）、第四蹟千早城（千早村）、第五蹟金剛山、第六蹟建水分神社（赤阪村）、第七蹟赤阪誕生地（赤阪村）、第八蹟藤井寺（藤井寺村）である。翌昭和一〇年（一九三五）に催された南河内での大楠公六百年祭の行事は、同会を中心に執り行われた。

行事は河南八勝会記念行事として同年四月一日から五月末日まで各八勝地で展覧会、講演会、記念演芸大会が行われ、期間中は八勝地パンフレットや大楠公六百年スタンプ捺印が行われた。また、四月七日には大楠公赤十字祭が寄手塚・身方塚で行われた。これは正成が敵方の死者も身方と同様に手厚く葬ったという故事が赤十字の精神の先駆をなすものとし開催された。式は神仏両式で建水分神社社司岡山広次が祭主、天野山金剛寺住職曽我部俊雄が導師となって行われた。参列者は三〇〇〇人を越えたといわれている。

また、各八勝地でも四月一八日の第一蹟天野山金剛寺から記念行事が順次行われ、最後は観心寺の五月二八日の行事で終わった。現村内では第四蹟千早城址では五月二四日に第一日祭、二五日に遷座祭が行われた。第五蹟金剛山では五月二三日大殿祭、翌日宵宮祭、そして二五日から二七日まで大楠公六百年祭が行われ最後の日は国威宣揚在満将志武運長久祈願祭も合せて行われた。第六蹟建水分神社では四月二四日の国威宣揚祈願祭、翌日の本社例祭・楠公六百年祭、第三日祭、第四日祭・本社御贈位記念祭そして五月二五日に楠公六百年祭が行われた。第七蹟赤阪誕生地では四月二六日に河南神職会主催で大楠公六百年祭が行われた。

河南八勝第七蹟　楠公誕生地

また、五月二一日から六日間にわたり日本放送協会大阪放送局が大楠公記念放送週間として「マイクの大楠公史蹟巡り」の番組が放送され、研究者による臨地講演が行われた。楠公誕生地では二二日に大阪女子専門学校教授魚澄惣五郎の「大楠公誕生前後の世相」、二三日には千早城跡上空から藤田精一の「千早城の戦い」が放送された。他にも楠妣庵、湊川神社、観心寺から放送があった。

4-3 楠公遺蹟顕彰道路

また、建武中興六百年祭・楠公六百年祭と続く中で、大阪府は一九三五年度から三カ年計画で楠公関係史蹟を巡るための周遊道路整備を行った。これは富田林を起点に楠公誕生地、赤坂城跡、建水分神社、楠公夫人誕生地、千早城跡、楠妣庵、観心寺、長野町、天野山金剛寺に至る約五〇キロメートルの行程である。この間の道路をバスが通れる幅員五・五メートル以上にするもので、完成は予定より三年遅れて昭和一五年

楠公周遊道路（河内長野市史より転載）＊27

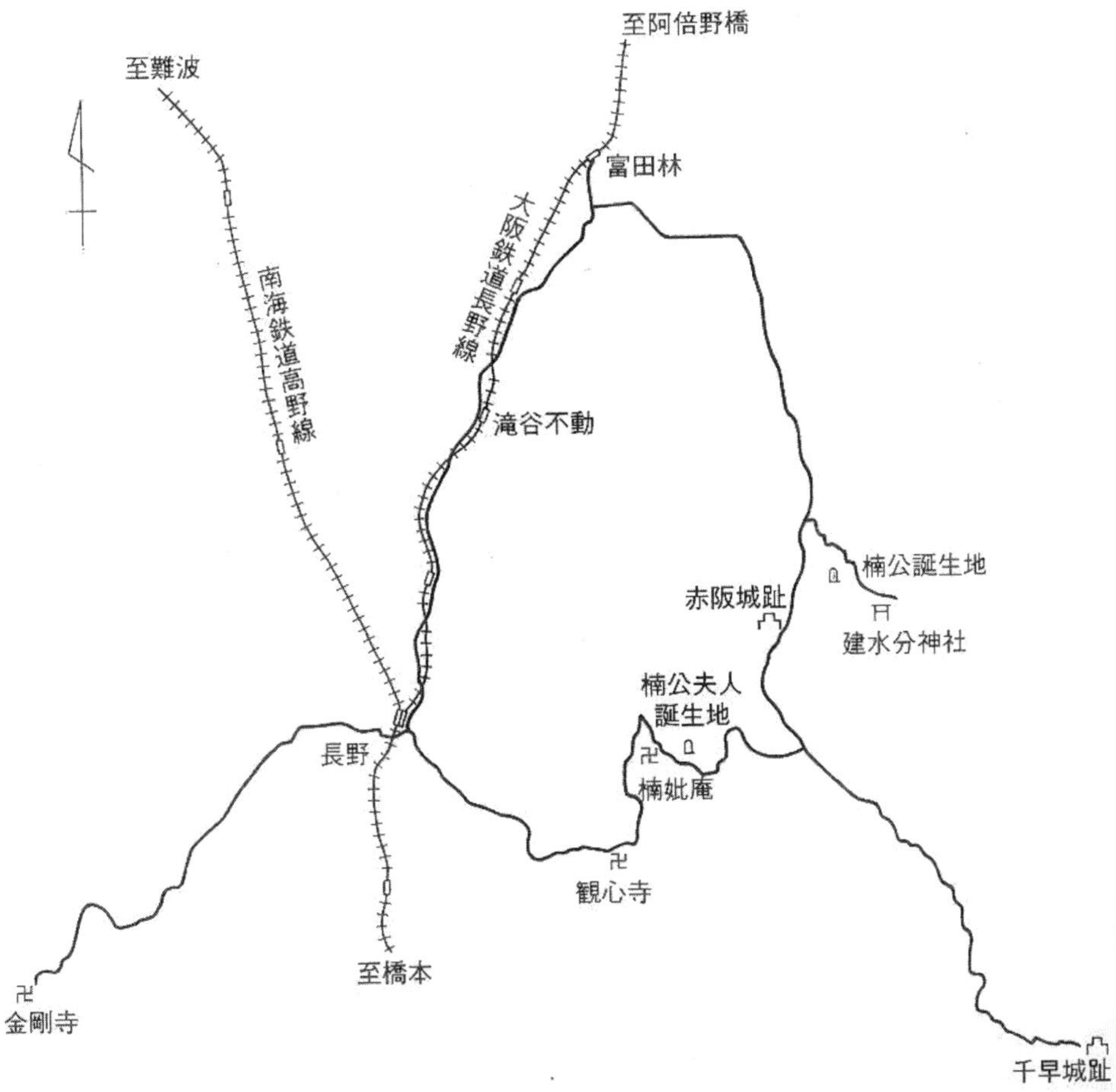

（一九四〇）に完成した。

また、府民に正しいハイキングを指導するためとして昭和一〇年（一九三五）四月に大阪府都市計画課が府内にハイキングコース九ルートを設定した。その内二ルートが楠公史蹟の探勝コースであった。第一コースは富田林から赤阪村までバスで、そこから楠妣庵・観心寺・延命寺を回る約二〇キロメートルのコースである。第二コースも同じく赤阪村までバスで、そこから赤坂城跡、建水分神社そして金剛山に向かうコースで千早城跡から観心寺、そしてそこから長野までバスのコースで約二〇キロメートルのコースである。これに合わせて、大鉄電車（現近畿日本鉄道）、南海鉄道（現南海電車）が沿線の楠公史蹟ハイキング案内のリーフレットを出していた。

4-4 大楠公六百年記念塔（通称奉建塔）の建設

昭和一〇年（一九三五）から楠公史蹟保勝会会長北畠義郎[*28]、徳島県森下白石の呼びかけで、赤阪村内に大楠公六百年記念塔の建設計画が持ち上がった。具体的には赤阪村役場内に大楠公六百年記念塔奉建事務所を置き、小学生一人三銭以内、訓導一人一〇銭、中学生五銭、教諭一〇銭、青年学校生徒五銭、職員一〇銭として、全国に建設の募金を呼びかけた。結果、詳細は不明であるが資金として四万円を集めた。

昭和一二年（一九三七）二月一一日から建設工事に着手し昭和一五年（一九四〇）五月二五日に竣工した。場所は赤坂城の出城跡とされた二河原辺地区の尾根上、九九一平方メートルの敷地に約五トンの御影石を積み上げ、塔正面には「非理法権天」と刻まれた。高さは楠木正成戦死当時の年齢とされた四三歳にちなみ四三尺（約一三メートル）とした。台座の部分をいれると約一七メートルである。

4-5　存道館の建設

昭和一一年（一九三六）一一月千早城跡に大阪府によって別名楠公道場と呼ばれた「存道館」が建設された。建物は木造スレート平屋建で文館と武館の二棟で構成されていた。総工費は約三万四千余円[*29]であった。

建設の目的は「楠公純忠至誠の精神を今日に継承復活して、皇国臣子の大道を確立し、忠孝を重んじ、義勇を尚び以て国家を無窮に護持し奉らんこと」であった。楠公史蹟に建設された、所謂修養道場の一つ[*30]で、「常に文武二道を以て嗜み皇国の人としての真の魂の覚醒錬磨に努む」として教員、警察官、中等以上学校生徒、青年学校生徒、青年団、婦人会が一日から三日の日程で利用した。館名は歴史学者東京帝

大楠公六百年記念塔（通称奉建塔）

大阪府立存道館（楠公道場）絵はがき

国大学教授平泉澄が真木和泉の『楠子論』の「以て万世の道を存す」から命名した。この時の大阪府知事は、後に文部大臣に就く平泉門下の安井英二であった。

おわりに

以上のように、千早赤阪村村域での楠公顕彰活動を[*31]歴史的に振り返ってみた。まとめてみると、江戸期における武士や上層農民層に見られる楠木正成観は幕末、明治維新で変化してくる。それは後期水戸学や頼山陽、吉田松陰らの楠公観に影響を受けた維新官僚たちにとって、国民の手本となる忠君愛国・忠孝両全の鑑としての楠公であった。その関係地を顕彰し聖地化することが彼らの責務であった。大久保利通が言ったとされる「皆これ大楠公の意志を継承して君国の為に臣節を淬勵した」強い思いで、新たに作られた行政組織を用いて当該地域の区長・戸長層に対し強力に顕彰活動を主導していった。

そして、日清戦争前後から学校教育の普及と共に日本国民としてのナショナリズムが強くなり、顕彰活動は国民側の主体性が強くなる。楠氏紀勝会や楠公誕生地保勝会などの顕彰団体が当該地域の民衆から発起され、地方長官や地方官を代表に頂きながらも活動自体は主体的に進めた。また、その根底には楠公関係史蹟が地域（郷土）のものであるとの認識が強くなっていったことである。明治前期ころの楠公の史蹟が存在するという受動的意識から、わが地域（郷土）から忠臣の楠公が誕生し活躍したという能動的意識への変化である。

つまり楠公顕彰の動向は、明治前期では顕彰地に対する国家（維新官僚）による上からのナショナリズムの強制からはじまり、明治後期は下（地域、民衆）からのナショナリズムが芽生え、高木博志[*32]のいう「国家のナショナリズムと地域のアイディンティの形成が重層的に進行する」状態であった。しかし、その広がりを見る限り、明治前期においては旧郡単位であり明治後期においても府県を大きく超えてのものは見当たらない。やはり、そこには、顕彰団体の目的（地域活性化）と組織力（地主・名望家層）の限界が見出される。

その後、顕彰活動は大正期から昭和初期にかけて、その担い手となる地域の団体は、中央との結びつきを強めてゆく。団体の代表には一戸兵衛や徳川国順《とくがわくにゆき》等の著名人を据え、会員理事にも中央の政財界や学者を加えてくる。更には、組織を社団法人とするなど一定の政府の許認可を得るようになる。しかし、会員及び活動範囲は大阪府内や近隣府県を大きく越えることはなかった。

やはり大きく変わるのは昭和六年（一九三一）の満州事変勃発以後であり、昭和九年（一九三四）の建武中興六百年祭や翌年に楠公六百年祭が行われるなど、顕彰活動が全国的規模となる。さらに昭和一二年（一九三七）の国民精神総動員運動[*33]、翌年の「国家総動員法」[*34]が展開される中で、地域の活性化的要素もあった顕彰活動が、国家規模での画一的な思想統制的な運動に展開し、「楠公さん」が「滅私奉公」「尽忠報国の権化」[*35]となっていた。それとともに、歴史的な史跡が戦争遂行のイデオロギーの場となっていった。

このような昭和前期までの顕彰活動の歴史を考えると、今後は、新たな視点での顕彰活動が必要になると思われる。幸いなるかな、若手研究者により中世史、近世史、近代史研究での歴史的客観性にもとづいた楠木正成の調査、研究が進んできている。この研究成果とともに地域に残された金剛山麓の城館群の城郭史、考古学からの調査研究が進めば、ビジュアルに楠木正成の時代を示すことができ、新たな顕彰活動の方向が示されることが期待できる。

後注

1 『楠（木）正成』の呼名については、明治維新期以降一般大衆まで盛んに尊称として用いられた『楠公』『大楠公』を主に用いる。また『楠木』の表記については明治以降、国定教科書に使用されていることから用いる。
2 高木博志『近代天皇制と古都』岩波書店、二〇〇六年、六五頁
3 兵頭裕巳『太平記〈よみ〉の可能性』講談社、一九九五年、二一四頁・二一五頁
4 中村格「天皇制下の歴史教育と太平記」『太平記の世界』汲古書院、二〇〇〇年
5 『建水分神社御略記』宗教法人建水分神社
『建水分神社の文化財』千早赤阪村教育委員会、二〇〇六年
6 千早赤阪村史編さん委員会『千早赤阪村誌　資料編』千早赤阪村、一九七六年
7 山中浩之編「影印　河内屋可正旧記一」大阪大谷大学博物館、二〇一五年
8 若尾政希「近世の政治思想と『太平記』」『太平記の世界』汲古書院、二〇〇〇年
9 近世初期に日蓮宗の僧侶、大運院陽翁（一五六〇～一六二二年？）がまとめたものとみられる。『太平記』の本文に沿って、登場人物や事件を批判・論評した「伝」（本文にない異伝）と「評」（軍学、治世などの面から本文を論評した部分）から成る。これをもとに上層の武士層や偽政者に講釈した。
「武略之要術、治国之道」とされ、藩政を担う武士を対象に秘伝として伝えられた。写本が金沢藩（前田家）の尊経閣文庫や岡山藩の池田家文庫などに残っている。大運院陽翁が寺沢広高（唐津藩主）に伝授したという奥書のあるものが一七世紀半ばに刊行され、広く普及した。
10 河南町誌編纂委員会『河南町誌』河南町役場、一九六八年
11 「建白（小河一敏）記録材料・建白書仮綴」『第11類　記録材料』国立公文書館
「楠社之儀ニ付清原真由美小河一敏建白」『建白及投書地・其三』国立公文書館

12 『大久保利通日記　下巻』日本史籍協会、一九二七年

13 大熊権平　明治三五年（一九〇二）から明治三七年（一九〇四）まで富田林中学校で教鞭をとっていた。

14 大熊権平『大楠公奮忠事歴』楠公誕生地保勝会一九一四

15 藤田精一　一八六八〜一九三八年。歴史学者、大阪・広島幼年学校教頭を歴任。主な著書は『楠氏研究　増訂四版』積善館、一九三八年。『楠氏後裔楠正具精説』湊川神社、一九三八年。『新田氏研究』雄山閣、一九三八年。墓地は観心寺。

16 大阪日報　一九七八年五月一五日

17 「官記」『鉄斎筆録集成第1巻』便利堂、一九九一年

18 『故贈位一位楠左近衛中将橘朝臣正成公之遺蹟興復並紀念碑建設之主意及事務所規程』楠氏紀念碑建設事務所一八九五年

19 西村捨三　一八四三〜一九〇八年。元彦根藩士、大阪府知事（官選第六代）、初代大阪市長、四条畷神社の創建、平安遷都千百年紀念祭の時代行列（時代祭）の創出、住吉神社の古神事「宝の市」の再興などに尽力し、偉人の顕彰・建碑にも積極的であった。

20 『楠氏遺蹟志』楠氏紀勝会、一九〇三年

21 宮内庁『昭和天皇実録二』東京書籍、二〇一四年

22 財団法人聖徳太子奉賛会『大和河内路の御旅』一九二九年

23 出自、経歴は現在の所不明。ただ千早城跡に近い金剛山登山道の「伝楠木正儀墓」近くに昭和二八年（一九五三）一二月に建碑された「故窪添之介翁碑」と刻銘された石碑が残されている。

24 昭和八年（一九三三）年一二月一三日に吉野神宮、鎌倉宮、湊川神社、藤島神社各宮司が発議者となり所謂吉野朝関係一五神社が主体となって全国神職會などの関係者を含めて会の準備を行った。そして、徳川圀順、頭

山満、近衛文麿はじめ四八名が呼び掛け人となって同年一二月一六日に東京學士會舘にて、会長明治神宮宮司有馬良橘を選んで設立した。そして翌年三月二日には秩父宮を総裁としている。

後援団体には東京府、東京市、皇典講究会、帝国在郷軍人會、帝国教育會、全國神職會、東京府神職會、中央教化団体連合会、恢弘會、大日本連合青年団、神宮奉斎會、有終會、楠公會が名を連ねている。

25 史蹟名勝天然紀念物保存法大正八年（一九一九）年四月一〇日　法律第四四号

26 この点について昭和九年（一九二四）一月二八日の新聞記事によると、同年一月二七日に開催された大阪府史蹟名勝天然紀念物調査委員会で、文部省の史跡指定から金剛寺が漏れる可能性があることが判った。このため、府としては積極的に指定促進を図り、指定から漏れれば別個に指定手続きを執ることが載せられている。この時なぜ対象から外れたかは、不明である。

27 河内長野市史編修委員会編『河内長野市史 第三巻 本文編 近現代』河内長野市、二〇〇四年

28 楠公史蹟保勝会についての詳細は不明であるが会長が北畠義郎（華族、従四位、男爵、新田神社、霊山神社宮司　神職）。副会長が中華革命陸軍参謀長、陸軍上将の肩書きの永井啓二郎。理事に八板千尋。八板は楠公史蹟保勝会大阪事務所から一九四一年に『大楠公要史』を出版している。

29 『大阪府教育百年史　第一巻概説編』大阪府教育委員会、一九七三年

30 観心寺恩賜講堂（一九二九年建）・金剛寺講堂（一九四二年建）

31 尾谷雅比古「明治期における地域の楠公父子顕彰」『近代天皇制と社会』思文閣出版、二〇一八年

32 前掲註2

33 昭和一二年（一九三七）八月、日中戦争開始と共に第一次近衛文麿内閣が「国民精神総動員実施要綱」を閣議決定、同年一〇月「挙国一致、尽忠報国、堅忍持久」のスローガンのもとに国民精神総動員中央連盟を創設。

34 国家総動員法　昭和一三年（一九三八）四月一日法律第一九一九号

35 谷口博幸『国家はいかに「楠木正成」を作ったのか　非常時日本の楠公崇拝』河出書房新社、二〇一九年

近代楠公顕彰年譜

年	日付	事項
延宝八（一六八〇）		石川総良　楠木石塔（伝楠木正儀墓）の周囲に石柵・石灯籠を設置
元禄二（一六八九）		貝原益軒 当地を訪れ楠木正成関係地を『南遊紀行』に記す
元禄六（一六九三）		河内屋可正、楠木正成について『河内屋可正旧記』に著す
元禄一〇（一六九七）	一月	石川総茂　南木神社を現在地に遷座、楠木正成木像を収め、厨子を奉納
享保二〇（一七三五）	五月	観心寺で楠公四〇〇年忌
天保六（一八三五）	五月	建水分神社で楠公五〇〇年祭
明治元（一八六八）	四月二一日	兵庫に楠社造営を決定。神号追謚し正行以下一族も合祀
明治五（一八七二）	四月二九日	楠社を湊川神社の名称とし社格は別格官幣社
明治七（一八七四）	五月	楠大神社を改修終了
	九月	陸軍省で楠公訣子図を印刷
	一二月一六日	楠正行を祭神とする四條畷神社創建、社格は別格官幣社
明治八（一八七五）	二月六日～八日	大久保利通・五代友厚・税所篤ら楠公史跡を訪ねる
明治九（一八七六）	一二月一五日	楠木正行従三位贈位
明治一〇（一八七七）		西南戦争
明治一一（一八七八）	五月一五日	「楠公誕生地」石碑建碑
明治一二（一八七九）		楠大神社を千早神社と改称する
明治一三（一八八〇）	三月一七日	「楠公首塚」修繕完成祭典
	七月二〇日	楠木正成　正一位贈位
明治一八（一八八五）		湊川神社ほか　楠公五五〇年祭

明治二二（一八八九）		市町村制施行により赤阪村、千早村が発足
	一二月一六日	四條畷神社ヲ別格官幣社ニ列セラル
明治二七（一八九四）	七月	日清戦争開戦
	九月	楠氏紀念標建設計画
明治三〇（一八九七）	四月六日	楠木正行　従二位贈位
明治三二（一八九九）	一月二九日	楠氏紀勝会設立
明治三三（一九〇〇）	一月	楠木正成像　皇居前に設置
明治三六（一九〇三）	五月一四日	千早城跡に銅標完成
明治三七（一九〇四）	二月	日露戦争開戦
	五月二五日	富田林中学校　楠公祭始める。これ以降南河内各小学校で楠公追慕式が行われる
明治三九（一九〇六）	九月一九日	甘南備神社事件（楠公夫人の隠遁地甘南備住民が湊川神社による招霊に抗議）
明治四一（一九〇八）	一月	楠公誕生地保勝会発足　翌年発会式
	一〇月一四日	戊申詔書
明治四四（一九一一）		南北朝正閏論争
大正三（一九一四）	七月	第一次世界大戦開戦
大正六（一九一七）	五月	楠妣庵竣工　裕仁皇太子行啓（観心寺、誕生地、楠妣庵、赤坂城）
大正七（一九一八）	一月	楠公顕彰会創立
大正一五（一九二六）	六月	大日本楠公会創立
昭和四（一九二九）		教化総動員運動の提唱
昭和五（一九三〇）	五月	観心寺　修養道場として昭和大礼建物を移築「恩賜講堂」
昭和六（一九三一）	五月	観心寺大楠公六百年遠忌
	九月	満州事変

昭和七（一九三二）		府内学校に楠公像設置が始まる。
昭和九（一九三四）	三月	建武中興六百年祭
	七月	観心寺に南河内小学校校長会発起の楠公像設置
昭和一〇（一九三五）	五月	大楠公六百年祭（楠公史蹟河南八勝会により各勝地で祭典挙行）
昭和一一（一九三六）	一一月	大阪府立「存道館」開館
昭和一二（一九三七）	七月	日中戦争開戦
	一〇月	国民精神総動員運動始める
昭和一五（一九四〇）		皇紀二千六百年祭
		千早小学校に楠公騎馬像が寄贈される（現存）
		南木神社社殿修復竣工
	五月	大楠公六百年記念塔竣工
昭和一六（一九四一）	五月	天野山金剛寺に修養道場建設（現在の講堂）
	一二月	太平洋戦争開戦
昭和二〇（一九四五）	四月	海軍の沖縄特攻戦　菊水作戦と命名される
	五月	一億総楠公精神運動はじまる
	八月	終戦

編集後記

本書は「一般社団法人千早赤阪楠公史跡保存会」（以下「保存会」）が初めて企画した図書です。保存会は、千早赤阪村にある「楠木正成公」関係の史跡等の保存及び普及を図るとともに、遺跡等の研究を行い、文化財の保護及び文化の振興に寄与することを目的として、一九七四年（昭和四九）に設立されました。

保存会の目的を達成するために、史跡等の美化、清掃、整備を行うなど様々な公益事業を積極的に推進して、社会に寄与することを目指しています。

また、千早赤阪村政とも連携し、村から委託を受けて村立郷土資料館の管理も行っています。資料館には、近隣市町村はもとより全国各地からの来館者も多く訪れています。来館者には「楠木正成公」の書籍を求める方も多くおられましたので、その要望に答えるべく本書の出版を企画いたしました。おりしも、世界的なコロナ禍で保存会の平常事業を自粛する中で、この企画を進めました。

本書は、『太平記』や戦前の多くの書物や教科書に描かれた「楠木正成公」ではなく、客観的な歴史史料にもとづいて、彼の日本の歴史上での役割、また、地域史の中での役割を描くことを目指しました。そして、未来を担う子ども達の地域学習に本書が活用されることを願うものです。

最後に、本書の出版に当たって、執筆者をはじめ資料提供にご協力いただいた鎌谷孝仁氏、谷公雄氏、六條均氏、大阪大谷大学博物館、建水分神社、千早神社、千早赤阪村教育委員会にお礼申し上げます。また、ご協力いただいた本会会員や役員の方々、出版していただいた批評社に末筆ながらお礼申し上げます。

一般社団法人　千早赤阪楠公史跡保存会
事務局長　林秀治

編集

一般社団法人　千早赤阪楠公史跡保存会

1974年10月6日　「千早赤阪村楠公史跡保存会」として発足
1992年3月31日　「社団法人千早赤阪楠公史跡保存会」として法人化
2013年4月1日　「一般社団法人千早赤阪楠公史跡保存会」と名称変更
現在に至る。

【組織】理事長1名　副理事長1名　常務理事（事務局長）1名　理事12名　監事2名
【会員数】458名　千早赤阪村内339名　村外119名（2021年3月末）
【主な活動】
・楠公祭執行
毎年4月25日に実施している。この日は楠公誕生の日とされている。
・清掃奉仕活動
7月初旬、村内に点在する楠公史跡等の草刈りやゴミ収集等を行っている。
・史跡等整備活動
上赤阪城跡等の整備を行っている。
・景観向上事業
「大楠公」没後600年記念として建てられた奉建塔周辺の草刈り、植栽等を行っている。
・史跡探訪
千早赤阪村の史跡や風景を広く周知するためにウォーキング等を開催している。
・史跡見学会
会員を対象に、楠公ゆかりの史跡を訪れる見学会を開催している。
・千早赤阪村立資料館の管理
村から委託を受け、入館受付、施設の管理業務等を行っている。

執筆者略歴

生駒孝臣（いこま・たかおみ）

1975年 三重県生まれ
1998年 大阪教育大学教育学部卒業
2000年 名古屋大学大学院文学研究科博士前期課程修了
2004年 関西学院大学大学院文学研究科博士課程後期課程単位取得退学
2009年 博士（歴史学）
現在　花園大学文学部専任講師
専攻　日本中世史
著書
『中世の畿内武士団と公武政権』戎光祥出版、2014年
『楠木正成・正行』戎光祥出版、2017年
『南北朝武将列伝　南朝編』（共編著）戎光祥出版、2021年
『楠木正行・正儀』ミネルヴァ書房、2021年

尾谷雅比古（おたに・まさひこ）

1953年 千早赤阪村生まれ
1975年 桃山学院大学経済学部卒業
1976年（財団法人）大阪文化財センター
1984年 河内長野市教育委員会
2012年 関西大学大学院文学研究科博士課程後期課程単位取得　博士（文学）
現在　立命館大学など非常勤講師・天野山金剛寺文化財顧問・観心寺学芸員
専攻　考古学・文化財行政史
著書
『近代古墳保存行政の研究』思文閣出版、2014年
『飯盛山城と三好長慶』（分担執筆）戎光祥出版、2015年
『戦国河内キリシタンの世界』（分担執筆）批評社、2016年
『近代天皇制と社会』（分担執筆）思文閣出版、2018年
など

楠木正成 知られざる実像に迫る

2021 年 10 月 10 日　初版第 1 刷発行
2023 年 12 月 15 日　初版第 3 刷発行

編　集……千早赤阪楠公史跡保存会

著　者……生駒孝臣、尾谷雅比古

装　幀……臼井新太郎

発行所……批評社
〒 113-0033　東京都文京区本郷 1-28-36　鳳明ビル 201
電話……03-3813-6344 ／ FAX……03-3813-8990
郵便振替……00180-2-84363
e-mail:book@hihyosya.co.jp ／ http://hihyosya.co.jp

印刷・製本……モリモト印刷（株）

乱丁本・落丁本は小社宛お送り下さい。
送料小社負担にて、至急お取り替えいたします。

ISBN978-4-8265-0726-4 C0021